leituras do contemporâneo

literatura e crítica
no Brasil e na Argentina

leituras do contemporâneo

literatura e crítica no Brasil e na Argentina

Relicário

FAPERJ

Ieda Magri, Felipe Charbel,
Rafael Gutiérrez (Orgs.)

CIP -Brasil Catalogação-na-Fonte | Sindicato Nacional dos Editores de Livro, RJ

L533

Leituras do contemporâneo: literatura e crítica no Brasil e na Argentina / organizado por Ieda Magri, Felipe Charbel, Rafael Gutiérrez. - Belo Horizonte : Relicário, 2021.
192 p. : il. ; 15cm x 22cm.

Inclui bibliografia e índice.
ISBN: 978-65-89889-12-0

1. Literatura. 2. Crítica literária. 3. Literatura brasileira. 4. Literatura argentina.
I. Magri, Ieda. II. Charbel, Felipe. III. Gutiérrez, Rafael. IV. Título.
2021-2847 CDD 809
CDU 82.09

COORDENAÇÃO EDITORIAL Maíra Nassif Passos
ASSISTENTE EDITORIAL Márcia Romano
PROJETO GRÁFICO Ana C. Bahia
DIAGRAMAÇÃO Caroline Gischewski
REVISÃO Maria Fernanda Moreira

Este livro foi publicado com recursos do edital de apoio à realização de eventos da Faperj.

RELICÁRIO EDIÇÕES
Rua Machado, 155, casa 1, Colégio Batista | Belo Horizonte, MG, 31110-080
contato@relicarioedicoes.com | www.relicarioedicoes.com
@relicarioedicoes /relicario.edicoes

APRESENTAÇÃO

Em 2019, ainda animados com nossa participação no V Coloquio Internacional Literatura y Vida, na Universidade Nacional de Rosário, decidimos organizar um encontro no Brasil, mais precisamente na UERJ, para pensar a produção crítica e literária nos dois países e, em especial, tentar perceber se a máxima antropofágica de Oswald "só me interessa o que é do outro" estaria vigorando nessa vizinhança, subvertendo de certo modo o cenário original no qual o outro universal era forçosamente a Europa.

Quando fizemos o projeto para o Edital de Apoio a Eventos da Faperj, nem imaginávamos ainda o quanto nossa vida mudaria no ano seguinte, com a pandemia de Covid-19. Propomos aquilo que hoje parece já impensável: reunir na UERJ dez críticos argentinos e dez brasileiros numa discussão — que agora nos ocorre chamar de "acadêmica física", adjetivos dispensáveis antes da virada tecnológica imposta pela pandemia — em torno dessa produção e do interesse mútuo por autores e pensamento crítico daqui e de lá. Se a pandemia restringiu o encontro físico, ainda assim foi possível investir um tempo de nossas vidas na produção e discussão do pensamento em torno da literatura e da crítica contemporânea nos dois países.

A pesquisa "Literatura brasileira e latino-americana: questões de inserção no cenário contemporâneo", que se dedica a ler e analisar a literatura latino-americana em busca de vestígios de um (re)conhecimento mútuo entre as produções brasileiras e as dos outros países que integram a América Latina, vem demonstrando que há uma profusão de trabalhos de pesquisadores renomados que têm tentado dar conta dessa investigação nos últimos anos, o que por si só demonstra um esforço coletivo para dar visibilidade às relações culturais na região, muitas vezes falsamente tomadas como inexistentes ou de pouca expressividade. Quem nunca ouviu a frase acusadora ou ressentida: "A literatura brasileira não é lida por nossos vizinhos" ou vice-versa? Este livro é uma prova contundente de que nos conhecemos, nos lemos, comentamos, criticamos, etc.

Este livro não é o primeiro a buscar reunir o pensamento crítico dos dois países em torno da literatura. Felizmente, já temos consciência de que não estamos iniciando nada, há muitas outras apostas que compõem a história dessas relações, dentre as quais podemos destacar o trabalho da Sala Grumo; de coleções como Vereda Brasil, da Corregidor; Otra Língua e Entrecríticas, da Rocco; Nosotras, da Relicário Edições; projetos como Antenargenta, além do valoroso trabalho de tantos argentinos radicados no Brasil e de outro tanto de pesquisadores que fazem doutorado e pós-doutorado nas diversas universidades brasileiras ou argentinas. Há também uma história de profundo interesse na literatura argentina alimentada pelos escritores brasileiros, que a leem e muito, silenciosamente, sem necessariamente produzir artigos, ensaios ou qualquer outro tipo de notícia visível dessa leitura. O trabalho de tradução de nossa literatura contemporânea na Argentina e o número de comentadores demonstram que esse interesse é mútuo e segue crescendo cada vez mais. Diante do número expressivo, então, de pesquisadores e escritores que investem nesse campo de estudos, conectados ou não pelas redes sociais, nosso livro não é mais que uma coleção, um naipe de cartas abertas, o que cabe nas duas mãos e forma par com outro.

Leituras do contemporâneo: literatura e crítica no Brasil e na Argentina foi pensado em sua contraparte com *Experimento aberto: invenções no ensaio e na crítica*, para dar conta do que percebemos como um dos traços do contemporâneo muito presente tanto no Brasil quanto na Argentina, esse desborde do texto acadêmico, formas mais experimentais da escrita crítica. Se um dos livros teoriza esses traços do contemporâneo, o outro experimenta. Por isso é pra se ter ambos nas mãos.

Os textos deste livro, ao responderem ao desafio proposto pelos organizadores — análise da produção literária e implicações teóricas e críticas em torno do conceito de contemporâneo — são uma amostragem do interesse crítico em conceituar ou problematizar, dar uma resposta ao que se dá a ler como traço, vestígio ou marca que atravessa a produção do presente: bricolagens monstruosas; cumplicidades entre intervenções críticas e produção cultural; a anotação como forma final de uma crítica atuante nas redes, mas também impressa como livro; práticas que convocam uma realidade cotidiana feita de gestos e acontecimentos modestos; o presente como espaço fraturado e em movimento que nos faz buscar diferentes maneiras de nos tornar contemporâneos dos textos de todas as épocas; o fazer-se artístico da vida em relato; os relatos à deriva de escritores que frequentaram o centro da vida literária e suas intrigas; e até mesmo o que advém como recado dos rios que figuram nas nossas literaturas.

Conseguimos enfeixar nas duas coleções irmãs um número significativo de críticos literários atuantes na cena literária dos dois países, e um outro tanto, como não poderia deixar de ser, ficou de fora. Essas faltas decorrentes de muitos motivos não é algo que tomamos como lamento, e sim como estímulo para novas empreitadas, para — qualquer um além de nós — compor novas coleções. Mais do que apresentá-los e dizer um pouco de seus textos, convidamos à leitura diretamente e torcemos para que vocês fiquem felizes ao lê-los como nós ficamos por publicá-los.

Agradecemos à Faperj pelo apoio ao evento e à publicação dos dois livros e aos autores, tradutores e revisores que dedicaram uma boa fatia de seu tempo para que esses livros pudessem ser oferecidos à leitura.

No centro da cena: vidas em tom menor e teatralização

Mario Cámara (Conicet / UNA / UBA)
Tradução de Claudia Dias Sampaio
Revisão técnica de Carolina Machado

Há tempos e de forma insistente nos deparamos com um conjunto de práticas artísticas que reconfiguram, de distintos modos, os lugares conferidos ao artista, à obra e ao público. Trata-se de práticas que evocam uma realidade cotidiana, feita de gestos e modestos acontecimentos, por meio de relatos e imagens. A lista é extensa e não é raro saber de fotógrafos que convivem e conversam com seus fotografados, como o suíço Gian Paolo Minelli[1] ou a chilena Paz Errázuriz,[2] ou que aluguem uma casa para mostrar uma série de fotografias a seus amigos, de quem esse fotógrafo vinha fazendo *essas* fotos durante os últimos anos, tal como fez o argentino Julio Grinblatt;[3] também sabemos de artistas que viajam para encontrar pessoas ao acaso, escutá-las e transformar essa escuta em um poema que mais tarde será lido por essas mesmas pessoas que antes falaram, como no projeto do escritor e artista

....

1. Gian Paolo Minelli é um fotógrafo suíço que mora em Buenos Aires. Entre suas produções destaco a série *Vedermi* (1998-1999), realizada na periferia de Roma a partir de conversas mantidas com pessoas em situação de rua, imigrantes ilegais, prostitutas, e *Zona Sur. Barrio Piedra Buena* (Buenos Aires, 2000-2010), realizada a partir de conversas, amizades e projetos em parceria com residentes do bairro.

2. Paz Errázuriz é uma fotógrafa chilena. Entre suas muitas produções destaco *La manzana de Adán* (1982), livro de fotografias e textos que realizou em parceria com a escritora Claudia Donoso a partir da convivência, durante vários meses, com dois travestis em um prostíbulo de Talca.

3. Julio Grinblatt, fotógrafo argentino, residente em Nova York, compõe há anos a série *Usos de la fotografía*. Em *Usos de la fotografía VII*, Grinblatt coloca sobre uma mesa mais de 900 fotografias realizadas entre 1986 e 2015. O público pode sentar-se ao redor da mesa, manipular as fotografias com um par de luvas brancas e conversar com o autor. Em uma das instalações, alugou uma casa e convidou especialmente os que apareciam nas fotografias.

argentino Dani Zelko;[4] ou, ainda, as peças de dramaturgos que se dedicam a escutar e posteriormente editar a vida de um conjunto de pessoas para que depois esse material seja apresentado em público por essas mesmas pessoas, o que fazem Vivi Tellas[5] ou Lola Arias.[6] A enumeração, que poderia seguir,[7] abre várias questões. Há algum fio condutor que leia e conecte essas práticas heterogêneas? Em qual medida essas experiências nos interpelam em nosso presente? Qual seria sua novidade?

O ecossistema em que esse tipo de obras acontece parece baseado principalmente no afeto e na empatia. Afeto e proximidade, portanto, são os dados centrais que têm propiciado a invenção de novas formas e procedimentos de escrever, de montar uma peça de dramaturgia ou de fazer um filme. A crescente centralidade do estudo dos afetos e das emoções nos informa que, para além dos fundamentos racionais sempre atribuídos aos debates na esfera pública, a produção e manipulação de sentimentos é central na produção e atribuições diferenciais de cidadania e de subjetividades. Os discursos de ódio, xenófobos, racistas, misóginos, ampliados pelos canais virtuais — Twitter, WhatsApp, Facebook, etc. — sugerem que vivemos

....

4. Dani Zelko, artista e escritor argentino, desenvolve desde 2015 o projeto *Reunión*. Por meio de viagens pela Argentina e América do Sul, Zelko entra em contato com diferentes pessoas, cuja escuta ele transcreve manualmente em forma de poesia para depois editar um livro que será lido por elas em suas comunidades. Até o momento o projeto realizou nove livros. Todos podem ser consultados aqui: https://reunionreunion.com/.

5. Vivi Tellas, dramaturga argentina, desenvolve desde 2003 o projeto biodramas, para o qual convoca não atores para representarem aspectos de sua própria vida em um espaço teatral. Analisarei o projeto biodramas no corpo do texto.

6. Lola Arias, escritora e dramaturga argentina, desde 2007 realiza as seguintes performances: *Chácara Paraíso* (2007), *Mi vida después* (2009), *Mucamas* (2010), *Campo minado* (2016). Em relação a *Mucamas*, por exemplo, a informação é a de que se trata de uma instalação baseada em biografias. Cada visitante assume o papel de uma camareira que limpa cinco quartos por hora, mas, ao invés de fazer a limpeza, em uma hora o espectador percorre cinco quartos para assistir a retratos de profissionais de limpeza, às vezes em forma de filmes, entrevistas de áudio, textos, fotos. Em cada quarto de hotel se torna visível a vida desses seres invisíveis que limpam quando ninguém os vê. Parte da produção de Lola Arias pode ser consultada aqui: https://lolaarias.com/es.

7. Penso, por exemplo, no documentário *Copacabana* (2006) de Martín Rejtman, nas produções dramatúrgicas do coletivo teatral Rimini Protokoll, fundado em 2000 e integrado por Stefan Kaegi, Helgard Haug e Daniel Wetzel, ou inclusive no documentário *Santiago* (2007), de João Moreira Salles.

numa sociedade das emoções.[8] Como apontam Athena Athanasiou, Pothiti Hantzaroula e Kostas Yannakopoulos:

> Desafiando as oposições convencionais entre emoção e razão, e discurso e afeto, estas tendências chave da teoria social e cultural contemporânea exploraram e reconfiguraram as (des) apropriações políticas e éticas das emoções; a complexa relação entre poder, subjetividade e emoção; o lugar da emoção, o afeto, os sentimentos e o sentimentalismo dentro da teorização política; a dimensão afetiva do normativo; o afetivo como condição de possibilidade da subjetividade; e a inversão emotiva e afetiva nas normas sociais como modo constitutivo de subjetivação (2008, p. 7).

A empatia revelada nas práticas artísticas mencionadas procura, em contrapartida, suas próprias realocações através de afetos que envolvem a escuta, a amizade, a felicidade ou o luto. São esses investimentos afetivos que conduzem os contatos buscados por artistas e escritores, e os que definitivamente nos permitirão ler uma possível primeira novidade nestas práticas e estabelecer conexões com um presente em estado de permanente crise e mutação. Poderíamos dizer, de um modo geral, que essa empatia não se interessa tanto por um tipo de relato ou imagem que tenha algum conteúdo generalizável, ainda que isso seja sempre possível, senão pelo que vou denominar uma presença localizada. No magma comunicativo do presente, o contato com esses outros parece sugerir a busca de autenticidade e uma preferência por vidas esculpidas em uma cotidianidade sem glamour. Haveria, portanto, uma escolha ética que recusa toda épica e grandiloquência para concentrar-se em uma escuta do dia a dia daqueles que são convocados, ou um olhar que os reconhece em seus ambientes habituais.

No entanto, poderia-se argumentar que o que proponho não tem nada de novo. Afinal, essas *vidas sem glamour* seriam as vidas esquecíveis, esquecidas ou precárias com as quais tantas vezes nos deparamos em imagens e representações. O gênero testemunhal, desde os anos 1970, quando é

8. A bibliografia sobre o que se denomina "giro afetivo" é bastante ampla, cito uma lista parcial e incompleta: *Parables for the virtual: movement, affect, sensation* (2002), de Brian Massumi; *The transmission of affect* (2004), de Teresa Brennan; *Affect and emotion: a new social science understanding* (2012), de Margaret Wetherell. Recentemente foi publicada na Argentina *La promesa de la felicidad* (2018), de Sara Ahmed. Há também o trabalho da crítica argentina Irene Depetris Chauvin, *Geografías afectivas: desplazamientos, prácticas espaciales y formas de estar juntos en el cine de Argentina, Chile y Brasil (2002-2017).*

institucionalizado através do Prêmio Casa de las Américas,[9] tem tido entre suas funções a de fazer ouvir vidas silenciadas ou marginalizadas. Ao longo do tempo, a literatura e a arte, pelo menos desde o surgimento do realismo na França do século XIX, sempre se encarregou de representar grupos e classes sociais em condições de precariedade ou crise.[10] Penso, desde a pintura de Courbet, em *Enterro em Ornans* (1850) ou em *Camponeses de Flagey voltando de uma feira* (1850), no romance *Germinal* (1885), de Émile Zola, em *Los de abajo* (1916), do mexicano Mariano Azuela, passando por boa parte da literatura de Juan Rulfo, até *Vidas secas* (1938), de Graciliano Ramos, ou *Cacau* (1933), de Jorge Amado, sem esquecer, é claro, do romance de Víctor Hugo, *Os miseráveis* (1862). A lista que acabo de citar, obviamente, não tem nenhuma pretensão de exaustividade, é bastante heterogênea e poderia incluir dezenas de outros textos, além de pinturas e filmes. Mas me atreveria a dizer e, assim, já antecipar uma primeira diferença em relação ao que quero propor, que está presente em todas elas — além da fábula que nos contam, além das vicissitudes do camponês Demetrio Macías em *Los de abajo* ou do sofrimento de José Cordeiro trabalhando de sol a sol na colheita do cacau — uma certa pretensão de que essa representação adquira um aspecto coletivo, de que aponte para um outro mundo que a transcenda. Nesse sentido, *Germinal* não trata somente de uma greve de trabalhadores mineiros do norte da França, também é um romance sobre as condições trabalhistas na França do século XIX, e *Vidas secas* não narra unicamente a travessia infernal de um casal de nordestinos fugindo da seca, é também um texto sobre a condição miserável do sertanejo.

Por outro lado, e durante muito tempo, a crítica literária se encarregou de cunhar categorias que acompanharam essa pretensão coletivista. A categoria do "tipo", que Georg Lukács (1966) propunha para ler o romance realista de Balzac e de Tolstoi, supunha um conceito que pretendia transcender a especificidade do personagem para dotá-lo de um fôlego que o

....

9. O prêmio foi instituído em 1970. O primeiro foi concedido a *La guerrilla tupamara*, escrito pela jornalista uruguaia María Esther Gilio. O primeiro júri foi integrado por Ricardo Pozas, Rodolfo Walsh e Raúl Roa.

10. Parto da noção de realismo desenvolvida por Erich Auerbach em *Mímesis: uma história da representação na literatura ocidental*, especialmente a que ele apresenta no capítulo "Na mansão de la Mole", no qual, a partir da análise de *O vermelho e o negro*, de Stendhal, *O pai Goriot*, de Balzac, e *Madame Bovary*, de Flaubert, propõe que o realismo na literatura ocidental se produz no momento em que a literatura começa a conceder o mesmo estatuto de complexidade a personagens de classes baixas ou personagens cuja origem não era nobre.

tornava representativo de determinadas forças sociais. No caso de Balzac, para tomar o exemplo de Lukács, as forças de uma burguesia ascendente e ainda progressista. Inclusive quando um crítico como Theodor Adorno (2003) lia *As ilusões perdidas,* também de Balzac, via em um de seus protagonistas, Lucien de Rumbempré, o símbolo da reificação no alto capitalismo. E, por último, não queria deixar de mencionar Walter Benjamin e sua série composta pelas figuras "a prostituta", "o catador", "o colecionador", "o jogador" e "o conspirador", que têm funcionado como chaves interpretativas do capitalismo do século XIX.[11]

Como se pode observar, a partir do breve percurso realizado, venho tentando estabelecer alguma relação entre uma configuração social (a ascensão e a consolidação da burguesia, os processos de modernização do final do século XIX e primeiras décadas do século XX com as consequentes inclusões e exclusões, e os projetos emancipatórios que atravessaram essas décadas), um certo tipo de precariedade induzida e um tipo de produção estética: o realismo, o regionalismo e ainda o neorrealismo, se penso no cinema. Trata-se de uma relação na qual a representação funciona em primeiro lugar singularizando — é chave a construção de personagens — para de imediato aspirar a uma espécie de universalidade. Depois argumento que uma zona da crítica literária, principalmente a de cunho marxista, gerou uma leitura que acompanha essa pretensão, ou seja, cujo procedimento de leitura vai do particular ao geral.

É possível inscrever essas práticas em alguma dessas tradições? Trata-se de novos realismos ou de novas formas de testemunhos? Sem dúvida que a permanente renovação de uma tradição como o realismo é suficientemente poderosa para acolhê-las, e, nesse sentido, nas práticas artísticas nas quais estou pensando há uma aspiração realista.[12] No entanto, e levando em conta o breve percurso que acabo de realizar, me interessa propor que o que se persegue aqui é a construção de uma singularidade que prevaleça sobre qualquer pretensão universalizante. Há um segundo aspecto a destacar, tão importante e constitutivo como o que acabo de apontar, essa singularidade de uma história qualquer, até certo ponto cotidiana, ou cotidianizada, será

....

11. As categorias mencionadas podem ser encontradas, entre outros ensaios de Walter Benjamin, em "El París del Segundo Imperio en Baudelaire", "Sobre algunos temas en Baudelaire", "París, capital del siglo XIX", publicado en *Poesía y capitalismo: Iluminaciones II* (1998).

12. E não tanto uma aspiração sobre o real no sentido lacaniano, pois não se trata de encenar a impossibilidade de simbolização. Ver Jacques Lacan, *Los cuatro conceptos fundamentales del psicoanálisis* (2003).

o resultado de uma ação de arte ostensivamente visível para o leitor e para o espectador. O pacto proposto nesse tipo de produção contempla que estejamos a par de suas condições de produção. Referências diversas, executadas com diferentes estratégias, exibirão o trabalho da arte em seu encontro com essas vidas verdadeiras.

Para deixar mais claro o que estou propondo, gostaria de partir de um primeiro e distante exemplo que, ainda que não integre totalmente o *corpus* em que estou pensando, pode ser entendido como um tipo de antecedente ou, pelo menos, uma inspiração para a escrita deste texto. Me refiro ao romance *A hora da estrela* (1974), de Clarice Lispector. Nele temos a famosa protagonista, Macabéa, e seu narrador, Rodrigo SM, como uma espécie de titereiro um pouco desajeitado que controla, até certo ponto, os destinos da datilógrafa. Pobre, marginal, explorada, enganada e, finalmente, morta de maneira cruel, Macabéa traz, novamente, a condição da pobreza para uma narração literária. Considero, no entanto, que a novidade de *A hora da estrela* é sua condição dramatúrgica. A exibição permanente das formas com que o livro vai sendo construído o distancia radicalmente de qualquer realismo ou naturalismo. Rodrigo SM põe diante de nossos olhos sua maleta de efeitos especiais com os quais construirá o drama de Macabéa. Este é o ponto a ser destacado: a exibição da forma e sua produtividade dramática, a potência performativa que surge da própria escrita.

A hora da estrela me permite chegar, agora sim, a uma experiência mais contemporânea ligada, neste caso, diretamente ao teatro e que me servirá como exemplo paradigmático para comentar as demais produções dos artistas e escritores referidos. Trata-se dos já mencionados biodramas produzidos pela dramaturga argentina Vivi Tellas. O gênero biodrama, apresentado de forma esquemática, consiste na encenação de uma vida protagonizada, perdoem-me a redundância, por seu próprio protagonista.[13] Filósofos, rabinos, bruxas-videntes, instrutoras de autoescola foram alguns dos protagonistas dos diferentes biodramas que a dramaturga veio produzindo desde 2003. Aqueles que interpretam a si mesmos vestem suas próprias roupas, e os objetos que compõem o cenário são também seus. Como aponta Pamela Brownell, há nos biodramas uma aspiração pelo real que limita e ao mesmo tempo exalta a dimensão teatral.[14]

....

13. *Especialistas en si mismos* irá propor o já citado grupo Rimini Protokoll.

14. Remeto-me ao imprescindível estudo e compilação crítica organizado por Pamela Brownell e Paola Hernández, *Biodrama: Proyecto Archivos - seis documentales escénicos (2017).*

O último biodrama tem por título *Los amigos* (2019) e conta com a participação de dois imigrantes senegaleses, Sow e Fallou, que atualmente vivem em Buenos Aires. Em *Los amigos*, os imigrantes senegaleses exibem fotografias familiares projetadas sobre uma parede, uma bola de basquete que inflam ao vivo, vestimentas com que um deles realiza suas orações diárias, e a partir da exibição e manipulação desses elementos nos vão contando sua história: sua infância no Senegal, a relação com seus pais, como um deles quase se afoga no mar, como eles se conheceram em Buenos Aires. Os protagonistas ficam de pé na nossa frente e nos contam, ou conversam entre eles enquanto nós os ouvimos, observamos sua gestualidade e seus corpos em movimento. Não assistiremos a uma história no sentido tradicional, senão a breves vinhetas que recompõem fragmentos íntimos e familiares de uma trajetória de vida. A amizade, o amor familiar, a lembrança de um animal de estimação são os núcleos narrativos da peça. Enquanto isso, um relógio estrategicamente visível marca a hora real e perfura com sua presença a ilusão dramatúrgica da quarta parede. O público está ali, em silêncio, mas o pacto, que inclui também os protagonistas, consiste no reconhecimento de que essas vidas estão sendo mostradas e narradas sob o filtro do teatro.

Quando a peça termina, assim como nos demais biodramas, somos convidados a profanar o palco e conversar com Sow e Fallou enquanto tomamos uma taça de vinho ou uma xícara de chá de hortelã e comemos umas madalenas, em uma clara referência ao trabalho proustiano com a memória involuntária. De certo modo, podemos supor, essa invasão indicaria que não há um encerramento do universo dramatúrgico que acabamos de ver no palco, mas, ao mesmo tempo, fica claro que a peça terminou. As luzes cênicas se apagam, os objetos manipulados começam a ser guardados. Movimentar-se pelo espaço cênico, ter a oportunidade de cumprimentar e conversar com os protagonistas, que até poucos minutos atrás "faziam" Sow e Fallou, destaca a condição teatral que acabamos de ver. Repassemos toda a cena: estivemos observando e ouvindo dois imigrantes senegaleses que nos contaram episódios de suas vidas e, para validar isso que nos contaram, nos mostraram uma série de documentos. Mas a manipulação de documentos, a reencenação de experiências vividas no passado que nos são anunciadas como tais, sua autoapresentação diante de nós, tudo isso nos indica o aspecto de construção do que estávamos vendo. Em nenhum momento nos foi pedido que esquecêssemos que estávamos vendo uma peça de teatro. A pergunta obrigatória que surge é se Sow e Fallou fizeram uma atuação de si mesmos ou foram eles mesmos. Se fôssemos no dia seguinte, a peça seria a mesma. Há um roteiro que se repete noite após noite. Mas esse roteiro foi resultado de uma longa conversa com a diretora. Uma primeira resposta então é que atuaram como eles mesmos para serem eles mesmos por intermédio de uma ação de arte. Não há testemunhos e entendemos por testemunho a produção de um discurso verdadeiro que dá conta de uma situação vivida. A vida dos imigrantes senegaleses está filtrada pelo saber teatral de Vivi Tellas e este se encontra atravessado pelas vidas dos imigrantes. Esse é um ponto central para pensar o novo nessas práticas artísticas. A realidade se insere na cena exibindo alguma prova de sua existência, mas, uma vez ali, se torna matéria de experimentação. O crítico Óscar Cornago aponta o seguinte para pensar essa passagem:

> Começando pelo trajeto de ida, ou seja, da cena à vida, a pergunta seria quais são as transformações que a realidade experimenta, neste caso, da vida de uma pessoa quando é vista a partir de um olhar teatral, que se torna visível *sub species theatralis*. A primeira coisa que há que observar em relação a esse processo de teatralização é a necessária participação consciente de um terceiro, que vai ser aquele, no caso o espectador, que realizará esta transformação a partir da sua observação exterior, o olho que teatraliza. A segunda operação é a delimitação, por parte desse olhar, de um campo de realidade, de um espaço que vai funcionar como palco para a atuação. Sobre este palco social ou artístico esse olhar teatralizante vai destacar os elementos materiais sobre os quais se constrói esta cena em seu processo imediato de funcionamento, em outras palavras, vai se destacar o lado físico, material e processual da ação que está acontecendo, os gestos, movimentos, ações, sons... A ênfase nessa exterioridade sensorial vai tornar possível a última operação fundamental, a construção de um plano simbólico no qual estes componentes materiais vão adquirir uma dimensão poética, situando-se em uma ontologia do poético diversa à antologia do real (2005, p. 8).

Provavelmente, à descrição de Cornago, que realça o olhar do espectador capaz de transmutar o contingente em poético, devêssemos acrescentar o trabalho do artista, do escritor. Pois estancar a contingência dessas vidas pequenas é resultado do trabalho de escuta e de edição — prévio ou posterior — do que essas vidas em tom menor teriam a dizer. A esse trabalho de escuta e edição gostaria de dar o nome de *teatralização*.[15] A teatralização não acontece simplesmente ao se colocar uma pessoa no espaço cênico. Não se trata de um simples *ready-made*, ou de fazer um círculo ao redor de uma pessoa, tal como fazia o artista argentino Alberto Greco, e declará-la uma obra de arte.[16] Do modo como a estou pensando, a teatralização consiste em um procedimento estético autorreflexivo e, portanto, contrário a todo naturalismo, que indica que ali, naquele espaço — dramatúrgico, cinematográfico, fotográfico, literário — está se "produzindo" uma pessoa real que veio nos narrar/mostrar uma vida específica.[17]

....

15. Para o conceito de teatralização considero, em primeiro lugar, um ensaio de Michael Fried intitulado "Arte y objetualidad", no qual ele apresenta a ideia de "teatralidade" para pensar em um novo papel do espectador em relação à arte minimalista. Fried propõe um espectador mais ativo, que se envolve até mesmo fisicamente na obra. Minha perspectiva, e nisto estou de acordo com Juliane Rebentisch, é que a teatralidade, ou teatralização, convoca de modo reflexivo o espectador para o aspecto estético do que está contemplando.

16. Refiro-me à série *Vivo-Dito*, que consistia em encerrar em um círculo de giz uma pessoa qualquer e declará-la uma obra de arte.

17. O cinema documental de Eduardo Coutinho e particularmente seu longa *Jogo de cena*, provavelmente seu filme mais teórico, a partir do qual se pode ler sua poética e o restante de sua produção, constitui outro excelente exemplo. Um breve resumo nos informa que se trata de um conjunto de narrações interpretadas por quem as viveu e, também, por diferentes atrizes (todas são mulheres). O público que não conhece as atrizes deve decidir em quem acreditar, qual é o depoimento "verdadeiro", e, muitas vezes, é claro, erramos. Mas se o filme se reduzisse a esse simples jogo de adivinhação, em primeiro lugar, não seria um bom filme e, além disso, isto é muito importante, seria algo assim como desmentir todos os filmes de Coutinho. Dito isso, então, o que Coutinho tenta nos fazer ver aqui? Coutinho afirmou reiteradamente que o que procura é a verdade do que acontece no set, no momento da filmagem, mais que a verdade de uma história contada, ou seja, não tanto um conteúdo de verdade, mas sim uma verdade que surge do estar ali de quem está falando, da relação verdadeira que se estabelece com a situação. De tal modo que o que Coutinho procura nos mostrar é a construção de verdade que surge no set para além de quem seja o enunciador. Trata-se de exibir que a verdade aparece a partir de um trabalho específico proposto pelo espaço cênico, capaz de captar tons, gestos, olhares, poses, além de discurso. A verdade surge a partir de um tipo de performance aberta e se executa como uma espécie de teatralização porque, em *Jogo de cena*, Coutinho nos faz ver fundamentalmente a atuação do depoente.

Detalhe de *Los amigos*

Em suma, tanto os biodramas como os demais artistas que mencionei — Julio Grinblatt, Dani Zelko, Paz Errazúriz, Gian Paolo Minelli, Lola Arias — se concentram em histórias pessoais, em alguns casos, cotidianas, produzidas a partir de um diálogo ou contato com o criador.[18] Mas não se trata, reitero, da formalização de uma vida, como se o polo estético fosse dar forma a uma vida em estado bruto. Também não se trata de uma simples captura de uma palavra, de um gesto ou de um olhar, que a arte simplesmente se ocuparia de colocar em cena. Poderíamos afirmar, ao contrário, que o que está em jogo nesse vaivém é a performance de uma vida. Artistas, dramaturgos, escritores, cineastas fazem com que as pessoas possam executar, no sentido até musical da palavra, da melhor maneira possível, sua própria *performance*. Por isso, o objetivo dessas produções é o de extrair uma vida da torrente de palavras e imagens para que seja exibida como algo próximo a sua própria entonação.

....

18. É claro que, nestes trabalhos que incluem a participação e, em certa medida, a cocriação, aparece como problemática a questão da distância justa — em que medida esse outro é respeitado, em que medida essa aparição não se transforma em extrativismo cultural ou exercício sádico. Recomendo o seguinte artigo de Sandra Contreras: "Apuntes sobre la distancia, o cómo mirar a los otros actuar", que, além de trabalhar sobre produções similares às apresentadas neste artigo, resume as posturas críticas em relação à participação dos sujeitos subalternos em diferentes práticas artísticas. In: *En torno al realismo y otros ensayos* (2018).

Há um último conceito que gostaria de propor, o de *quadros de aparecimento.* Toda experiência social e pessoal sempre vem, constrói ou recebe *quadros de aparecimento*[19] que a tornam visível ou que, pelo contrário, a fazem invisível. Em nosso presente, com a expansão dos meios de comunicação de massa e sua conversão em corporações gigantescas com um fim exclusivamente econômico, com a concentração das editoras em umas poucas empresas globais, com a crescente manipulação das redes sociais, as *fake news* e a algoritimização de conteúdos e informações, as vozes dessas outras e desses outros, subalternas e subalternos, parecem seguir dois caminhos: ou vão desaparecendo da esfera pública, ou são *editadas* por discursos de ódio e *formatadas* por pedagogias da crueldade. As práticas artísticas que me interessam teriam como objetivo construir novos quadros para que surjam ali a excepcionalidade e a fragilidade de uma existência. Mas, essas pessoas — os moradores do bairro Piedra Buena de Minelli, os amigos de Grinblatt, aqueles que cruzam com Dani Zelko, entre outros — não seriam excepcionais ao modo de Julien Sorel, o protagonista de *O vermelho e o negro* de Sthendal. São excepcionais pelo quanto o quadro escuta, constitui e produz sua excepcionalidade. É o discurso literário ou a prática artística que, ao produzir um recorte, colocam em relevo uma excepcionalidade que não é nem social nem metafísica, mas sim ontológica, entendendo por ontológico as articulações que permitem que esse aparecer aconteça.[20] Em resumo e para concluir, empatia por vidas pequenas em uma sociedade do espetáculo e do ódio, e escuta atenta e teatralização configuram os traços mais visíveis do conjunto de práticas artísticas e literárias que procurei apresentar. Essa disposição e esse trabalho procuram produzir um efeito de descontingência através do qual o cotidiano de uma vida é capaz de multiplicar seus sentidos

....

19. Inspiro-me livremente no conceito "quadro de reconhecimento" que Judith Butler começa a desenvolver em *Vida precaria: el poder del duelo y la violencia* (2006) e continua em *Marcos de guerra: las vidas lloradas* (2010). Dentre as numerosas reflexões em torno da ideia de quadro que aqui nos oferece, reproduzo a seguinte: "aqui tento chamar a atenção para o problema epistemológico que o verbo enquadrar apresenta; a saber, que os quadros mediante os quais apreendemos, ou não conseguimos apreender, as vidas dos demais como perdidas ou sofridas (suscetíveis de perda ou sofrimento) estão politicamente saturadas. São ambas, em si mesmas, operações de poder. Não decidem unilateralmente as condições de aparecimento, mas seu propósito claramente é delimitar a esfera do aparecimento como tal" (2010, p. 13-14).

20. Não pretendo vincular esta visibilidade com o regime estético das artes desenvolvido pelo pensamento de Jacques Rancière. Na verdade, considero que tal como está formulado o regime estético das artes não pode conter este tipo de visibilidades que procuro rastrear neste texto. Para uma definição desse ponto, pode-se consultar Jacques Rancière, *A partilha do sensível: estética e política* (2005).

possíveis. Ocupando o centro da cena, esses sujeitos agora exalam uma fina matéria orgânica feita de palavras, de gestos, de poses e de olhares.

Referências

ADORNO, Theodor. Lectura de Balzac. In: *Notas sobre literatura.* Madrid: Akal, 2003.

AHMED, Sara. *La promesa de la felicidad.* Buenos Aires: Caja Negra, 2018.

ATHANASIOU, Athena; HANTZAROULA, Pothiti; YANNAKOPOULOS, Kostas. Towards a new epistemology: the "affective turn", *Historein*, v. 8, Atenas, 2008.

AUERBACH, Erich. *Mimesis*: la representación de la realidad en la literatura occidental. Fondo de Cultura Económica: Buenos Aires, 2004.

BENJAMIN, Walter. El París del segundo imperio en Baudelaire; Sobre algunos temas en Baudelaire; París, capital del siglo XIX. In: *Poesía y capitalismo*: iluminaciones II. Madrid: Taurus, 1998.

BRENNAN, Teresa. *The transmission of affect.* Ithaca, Londres: Cornell University, 2004.

BROWNELL Pamela; HERNÁNDEZ, Paola. *Biodrama*: Proyecto Archivos – seis documentales escénicos. Córdoba: Facultad de Filosofía y Letras, 2017.

BUTLER, Judith. *Vida precaria*: el poder del duelo y la violencia. Buenos Aires: Paidós, 2006.

BUTLER, Judith. *Marcos de guerra*: las vidas lloradas. Buenos Aires: Paidós, 2010.

CONTRERAS, Sandra. *En torno al realismo y otros ensayos.* Argentina: Nube Negra, 2018.

CORNAGO, Óscar. Biodrama: Sobre el teatro de la vida y la vida del teatro. *Latin American Theatre Review*, v. 39, n. 1, p. 5-28, set. 2005.

DEPETRIS CHAUVIN, Irene. *Geografías afectivas*: desplazamientos, prácticas espaciales y formas de estar juntos en el cine de Argentina, Chile y Brasil (2002-2017). EUA: Latin America Research Commons, 2019.

FRIED, Michael. Arte y objetualidad. In: *Arte y objetualidad*: ensayos y reseñas. Madrid: Visor, 2006.

LACAN, Jacques. *Los cuatro conceptos fundamentales del psicoanálisis.* Buenos Aires: Paidós, 2003.

LUKÁCS, Georg. *Problemas del realismo.* México: Fondo de Cultura Económica, 1966.

RANCIÈRE, Jacques. *A partilha do sensível*: estética e política. São Paulo: Editora 34, 2005.

REBENTISCH, Juliane. *Estética de la instalación.* Buenos Aires: Caja Negra, 2018.

WETHERELL, Margaret. *Affect and Emotion:* a new social science understanding. Nueva Delhi: Sage, 2012.

Estratégias literárias da primeira pessoa

Beatriz Resende (UFRJ)

> *Não restam testemunhas de uma parte da minha vida, aquela que sua memória levou consigo. Essa perda, que poderia me angustiar, curiosamente me liberta: não há ninguém capaz de me corrigir se eu decidir inventar.*
>
> Sylvia Molloy (2011)

O encontro da literatura com o feminismo

Em fevereiro de 2021, organizamos pelo nosso centro de pesquisa, o PACC/Letras/UFRJ, um seminário virtual destinado a debater a produção contemporaneíssima de escritoras brasileiras em prosa de ficção.[1] O peculiar do encontro foi colocar lado a lado escritoras, críticas e teóricas do feminismo. O webinário, aberto ao público, chamou-se "Literatura e feminismo: criação, crítica e teoria" e durante duas tardes apresentou uma espécie de estado da arte da prosa de ficção produzida por mulheres, juntamente com reflexões sobre o feminismo.

O foco foi a escuta de todas as convidadas, inclusive com participação dos inscritos no evento, sobre a relação que guardam entre si as múltiplas formas de escrita utilizadas, o uso estético e político da linguagem, a recepção de sua prosa e os projetos futuros. Queríamos ouvir também depoimentos e o desejo de questionamento que as escritas apresentavam como expressão reflexiva frente a manifestações do poder constituído, com suas múltiplas formas possíveis de dominação.

Havia uma pergunta inerente à proposta do encontro: como vai a produção ficcional de mulheres? De que se ocupa neste momento? E mais, quais as questões teóricas que impregnam de algum modo essa literatura?

Sob esse aspecto se impõem de imediato várias questões: qual a importância das novas epistemologias feministas, das práticas feministas cotidianas

....

1. Todas as mesas do webinário estão disponíveis no YouTube do Canal PACC: https://www.youtube.com/channel/UCgzokBunDt6XeCyk8gT4A2Q.

para as escritoras? Até que ponto o pensamento feminista as ocupa, ou não, movendo a produção literária? Como curadora do evento era inevitável que para lá levasse a principal preocupação crítica que me persegue, a necessidade de uma reflexão crítica sobre o contemporâneo. Prática experimental, difícil e perigosa: falar do imediato, do presente. Sobretudo desafiante. Falar de obras, como romances e livros de contos, publicados nos últimos anos (no caso desse evento, a partir de 2018), saidinhos do forno, recém-digitados, alguns ainda esperando o encontro com o público, é de um risco extremo.

Perigo semelhante cerca o debate sob a luz de conceitos que ainda estão sendo formulados, estudos críticos que lançam mão de teorizações recentes, temas que só há pouco se evidenciaram urgentes, como acontece com novas formas de manifestações políticas, performances e escritos que ocupam o espaço literário contemporâneo, como as vozes LGBTQIA+.

No campo teórico, o feminismo vive uma quarta onda, a das militantes de shortinho, como diz Heloisa Buarque de Hollanda, sem medo de exposição dos corpos e das palavras, dando as mãos às senhoras de outras ondas. Intelectuais negras trazem suas próprias perspectivas teóricas e discutem as possibilidades dos discursos interseccionais nos feminismos.

Em práticas culturais das periferias, vozes urbanas se organizam e falam. Sim, mulheres ativistas, artistas, poetas e lideranças falam, e cabe aos que não habitam as periferias, sobretudo o mundo da chamada "academia", escutá-las com toda atenção.

A verdade é que nem tudo, entre nós, são ganhos, quando vivemos o cotidiano de um governo fascista em que conquistas comportamentais são vistas como ameaças a serem aniquiladas e a cultura é considerada o pior inimigo. A forma como a criação literária, com foco na prosa, está sendo produzida nesse momento em que tantas situações e relações teóricas novas aparecem, provocando a necessidade de revisão das perspectivas críticas, é o que desejávamos discutir.

Este texto quer trazer à tona uma ponta desse iceberg que agora posso apenas identificar e continuará como tema de pesquisa a ser desenvolvido.

Para dar um mapa do evento que me serve de norte, cito as participantes: duas teóricas/militantes abriram cada um dos dias. Na primeira tarde, Maria Galindo (Bolívia), e, na segunda, Carla Akotirene (BA) acompanhada de Heloisa Buarque de Hollanda (SP). Da primeira mesa, "A dupla face da estranheza: Corpos, narrativas e estranhezas", participaram, tratando de suas últimas obras: Cidinha da Silva, contista, cronista e teórica (BH), com o livro de contos *Um exu em Nova York,* publicado em 2018, ficção que traz também discussões sobre racismo; Natalia Borges Polesso (RS), que acaba de publicar, em 2020, com Luísa Geisler (RS) e mais dois parceiros, a quatro mãos, *Corpos secos: romance*; Natália, que em 2016 ganhou o prêmio Jabuti por *Amora*; e a ensaísta Adriana Azevedo, que completou a mesa levando textos seus sobre questões lésbicas que circulam nas publicações e áreas acadêmicas.

Na segunda mesa, "Formas da escrita de si. Falar de si, falar por outras, falar com outras", estiveram Adriana Armony (RJ), romancista consolidada, que ainda vai lançar *Pagu no metrô,* livro que traz pesquisa, narrativa romanceada, autoficção e confidências biográficas; Noemi Jaffe, que lançou em 2020, ano da pandemia, mais um romance, *O que ela sussurra,* emocionando os leitores com a história da mulher do poeta Óssip Mandelstam; e Carla Rodrigues, filósofa estudiosa de Judith Butler, que optou por apresentar, ao invés de uma reflexão crítica, um perturbador e pessoal texto sobre o luto.

O webinário fechou com o "Fórum aberto: literatura e feminismo", coordenado por Cristiane Costa, professora de Jornalismo da UFRJ, ensaísta e escritora, e por Estela Rosa, do coletivo Mulheres que Escrevem. A ideia do fórum foi conversar com algumas escritoras contemporâneas, lidas e estudadas, em torno das questões: qual é o tom dessas vozes que se fazem ouvir cada vez mais alto na literatura brasileira contemporânea? Quem são as mulheres que suas histórias retratam? O que o feminismo tem a ver com isso? As escritoras participantes foram Claudia Lage, escritora e roteirista, autora de *O corpo interminável,* de 2019, que retoma os violentos tempos da ditadura no país; Eliana Alves Cruz, jornalista e escritora, que completou uma espécie de trilogia com *Nada digo de ti, que em ti não veja,* em 2019; Luísa Geisler, nascida em 1991, tradutora e escritora, autora dos romances *De espaços abandonados* (2018) e *Corpos secos* (com outros autores), de 2020; Ieda Magri, professora, ensaísta e autora dos romances *Ninguém* (2016) e *Uma exposição,* em preparação, e Paloma Vidal, já com várias obras publicadas, escritora, performer, ensaísta e professora, que em 2020 publicou *Pré-história.*

A escolha das convidadas, evidentemente, não pôde incluir várias outras prosadoras que também gostaríamos de ter ouvido e que irão fazer parte da pesquisa que inicio. Procuramos abranger diferentes origens geográficas, com diferentes dicções, de forma a apontar os centros de difusão da literatura em prosa e mesmo da reflexão sobre questões de gênero. Minha curadoria levou em consideração critérios de afeto, mas se ocupando também de levantamento sobre a visibilidade e expressividade das escritoras na vida literária contemporânea no Brasil. Dentre as impossibilitadas de participar, Ana Paula Maia fez falta pela peculiaridade de seus romances, onde os personagens são quase todos homens, e a linguagem, realista, é usada de forma absolutamente original.

Os tais circuitos

Dentre as autoras que fizeram parte do encontro, muitas já receberam prêmios literários, algumas estão traduzidas e circulam no exterior e foram publicadas por editoras comerciais. O que só pudemos constatar depois de montado o evento é que todas têm pós-graduação em cursos ligados aos estudos das humanidades e várias cursam ou terminaram doutorado e estágios de pós-doutorado.

Ou seja, sem que imaginássemos, a seleção indicava um elenco de escritoras que, vindas de espaços e realidades diferentes, ocupam hoje posições semelhantes e importantes em relação à vida acadêmica, aos lugares de saber. Pensávamos estar levando em conta critérios puramente literários, mas a verdade é que não se sabe que critérios são esses, tão complicados quanto a própria noção de literatura.

Gosto quando Derrida diz que o espaço da literatura é o espaço dentro de "uma instituição fictícia" (2018, p. 48). De algum modo, mesmo sendo fortemente contra a noção de cânone, indicava um cânone contemporâneo. Essas romancistas são também intelectuais ativas, formuladoras sofisticadas e empenhadas em questões sociais. Acredito que, de formas diversas, próximas ou distantes da militância, são todas atravessadas pelo interesse, pela partilha, de teorias feministas e, ainda, do necessário cruzamento entre questões de raça e gênero. Ou seja, há um olhar, uma fala feminista que é incorporada a suas narrativas com maior ou menor evidência, mesmo que não usem o feminismo para se apresentarem.

É importante retomar o recorte preciso: trata-se aqui de prosadoras, ainda que algumas sejam também poetas. Foram priorizadas autoras de romance e contos não apenas pela vontade de formar um *corpus* literário unificado, com mais similaridade formal, ainda que guardando a diversidade que é mesmo uma característica de nossa literatura contemporânea[2], mas também pela diferença que se evidencia hoje em relação à criação e à publicação de poesia.

Em ensaio de 2005, republicado em 2020, Italo Moriconi pensa a literatura da primeira década a partir do reconhecimento dos circuitos literários nos quais esta se move, levando o fator mercado, de forma provocante, ao estudo do universo das obras literárias. Trata-se do mercado em relação não apenas com o livro, o que já tem sido objeto de várias pesquisas, inclusive na identificação do *habitus* no sentido estudado por Bourdieu, mas confrontado com o que é considerado literatura. Os três circuitos fundamentais discutidos são: "o circuito midiático (ou do mercado maior), o circuito crítico (ou universitário, ou canônico), e o circuito da vida literária propriamente dita" (Moriconi, 2020, p. 40-41). O raciocínio continua importante, mas cabe, hoje, verificar o quanto a "vida literária" tem se modificado.

O circuito midiático recebe atualmente quase todo o suporte das redes digitais; as resenhas e críticas praticamente desaparecem junto com os jornais impressos. Pouco resta. Sem essa circulação ampla na esfera pública, resistem as revistas acadêmicas, de pouca difusão e quase sempre presas ao cânone que as próprias obras rejeitam.

Uma novidade de mercado que se apresenta nesse momento é a existência — e sobrevivência — de pequenas editoras, geralmente temáticas, onde funcionam curadorias e possibilidades de autopublicação. São editoras que se dedicam a autores negros, como a Malê, ou a Bazar do Tempo, com o clube F, uma rede de encontros e leituras feministas.

No circuito da vida literária, ligado simultaneamente ao circuito canônico e ao mercado, surgiram com força os prêmios e festas literárias. Há, porém, um outro lado da vida literária, com expressões novas e questionadoras da ocupação das grandes cidades com suas desigualdades abissais, forma inicial de resistência ao gosto hegemônico que se impôs. São movimentos das periferias urbanas com importantes e eficientes manifestações culturais: festas de perfil próprio, como a Festa Literária das Periferias (Flup), saraus organizados fora de espaços canônicos, lugares públicos ocupados por artistas que se organizam em reuniões e mostras de práticas realmente inovadoras de literatura, sobretudo as ligadas à oralidade e à performance,

....

2. Em *Poéticas do contemporâneo* (2017), falo mais longamente sobre essa multiplicidade, da cultura de convergência de mídias, produtos culturais e manifestações artísticas, no processo de criação na arte contemporânea.

como o slam: popular, envolvente, combativo. São vozes das comunidades que se constituem expressivamente, denunciando sobretudo as violências que sofrem, as desigualdades existentes e seu cotidiano. Criam sobretudo novas formas de fazer poesia que transitam pela cidade e viajam para o exterior em concursos e mostras.

Ainda para explicar a opção por tratar separadamente da prosa de ficção e a relação que existe com as questões feministas que a provocam, vale uma incursão aos circuitos que a poesia percorre com suas peculiaridades e diferenças em relação aos da prosa de ficção. Tais manifestações poéticas criam possibilidades de ações coletivas, resistências partilhadas, contrastando com a inevitável solidão do prosador, limitado a poucas trocas críticas, mesmo quando se apresenta em eventos como performer, locutor de si mesmo.

No circuito poético, Heloisa Buarque de Hollanda, com sua fértil produção, merece destaque por dois braços que privilegia. A pesquisadora sempre foi referência não apenas na crítica acadêmica de poesia, mas também na apresentação ao público leitor dos principais poetas da contemporaneidade com antologias e curadorias. Mais uma vez, na vida literária contemporânea o crítico se faz curador. Por outro lado, há décadas escreve e organiza textos fundamentais sobre feminismo. Heloisa publica, em 2021, reunindo os dois interesses, a antologia comentada *As 29 poetas hoje*, título que cumprimenta obra anterior, o importante *26 poetas hoje*, de 1976. Nesta, constavam apenas cinco mulheres e Ana Cristina Cesar era lançada.

As *vozes* apresentadas no livro *As 29 poetas hoje*, explica, são vozes fora do eixo dominante, heteronormativo e branco: "vozes lésbicas, vozes negras, vozes trans, vozes indígenas, interseccionais." Tal diversidade se manifesta também em relação aos espaços do país de onde vieram, mas quase todas são bem jovens. São mulheres que, frequentemente, não hesitam em mostrar os corpos, tema dominante nas próprias obras, em manifestações que evidenciam um feminismo que explodiu nas ruas e, como o volume comprova, na poesia contemporânea.

Ainda assim, com todas as diferenças, o que para Heloisa Buarque é o capital inestimável dessas novas poetas vai poder ser aplicado também às ficcionistas de que tratamos:

> Um ponto de vista próprio e irreversível é o enfrentamento sistemático do cotidiano, dos desejos e dos custos de ser mulher, já bem distante do que se conhecia

como linguagem e/ou poética de mulheres. A nova experiência com a linguagem é a consequência imediata dessa conquista (Hollanda, 2021, p. 26-27).

Voltando à diferenciação, pode-se observar, a olho nu, uma prevalência da prática da poesia entre as escritoras contemporâneas das periferias, entre as muito jovens e entre as mais interessadas na militância feminista.

É evidente que as formas orais da produção literária podem dispensar mais facilmente o mercado do livro impresso e encontrar associações com manifestações amplas e mais democráticas, como o hip-hop, o funk e sobretudo o slam, que se espalha nacional e internacionalmente com competições e encontros. Todas as listas de autores periféricos apresentam a predominância da poesia sobre a prosa (pesquisa que, no entanto, precisa ser ampliada). Se colocarmos como filtro "mulheres", a discrepância ainda aumenta.

Se voltarmos no tempo, podemos revisitar a iniciativa importante do já consagrado autor da periferia paulista, Ferréz, também um produtor que se ocupa em dar visibilidade a autores da periferia. Ele organizou três números da revista *Caros Amigos* publicados como livro em 2005: *Literatura marginal: talentos da escrita periférica.* Se a divisão entre prosa e poesia é equilibrada, a de gênero é surpreendente. Entre dez autores, somente uma é mulher, Dona Laura (Laura Matheus), contista.

Em 2015, o trabalho de escritores e organizadores da Flupp Pensa, ação da Festa Literária das Periferias, atravessou o filtro do mercado e tivemos o sucesso do romance biográfico de Raquel de Oliveira, *A número um*, publicado em coedição com a editora Casa do Saber. De lá para cá as publicações de prosadoras vindas da periferia têm se dado sobretudo pelas pequenas editoras de perfil definido. É um dos fatos da vida literária que evidencia que quem sempre foi autorizado a falar, agora precisa ouvir. Com atenção.

Não faltam escritoras prontas para publicar prosa de ficção, mas temo que em matéria de produção literária não se trate apenas de escrever, mas de criar circunstâncias para serem publicadas. Para o mercado editorial, de modo geral, a circunstância para serem editadas é o sucesso: sucesso de público, de mercado, de prestígio. Várias surpresas têm acontecido em matéria de público, e o chamado mercado talvez devesse estar mais atento.

Durante o evento tivemos depoimentos sobre os diversos filtros editoriais a serem enfrentados, dos econômicos aos simplesmente machistas. Eliana Alvez Cruz, em depoimento contundente, apontou com ênfase e segurança para a quantidade de escritoras negras que começam a aparecer e, por outro lado, para os filtros existentes no mundo editorial. Mais do que isso, para a necessidade de a vida literária como um todo se racializar (Será que a expressão, usada por ela, será entendida corretamente?).

O teatro, a forma de arte mais afetada durante o período de isolamento imposto pela pandemia, vai merecer atenção em estudos futuros. Na dramaturgia brasileira contemporânea, a que talvez seja a voz mais importante e potente é a de uma mulher negra: Grace Passô. A publicação em livro de suas obras de teatro mostra a força de seus extensos monólogos, apontando para possibilidades do uso da primeira pessoa, desta vez nos palcos, o que me interessa investigar mais de perto.

As estratégias narrativas

Como já apontei, novas questões surgiram durante os debates, e, entre as já antigas, a caduca pergunta sobre se existe uma "literatura de mulheres" e outras armadilhas conceituais machistas, canônicas ou valorativas, não ocupam as autoras. Tempo economizado. A mais provocativa, a que me tomou, foi a transformação do uso da primeira pessoa, de recurso literário tradicional em estratégia de construção da narrativa, prática que se mostrou recorrente.

Os leitores dessa reflexão inicial pensarão: ora, tudo isso já não vem sendo estudado desde Foucault com *A ordem do discurso* e toda uma sequência de obras? Judith Butler já não deu conta do tema com o *Relatar a si mesmo*? E a ideia de lugar de fala, trabalhada na reflexão brasileira por Djamila Ribeiro, já não suscitou debates suficientes?

Sim e não. Qualquer discussão sobre o tema precisa ser tributária de tudo isso ou não seguimos adiante. O que se torna específico em minhas dúvidas é que estamos falando de ficção. O que gostaria de investigar é como o discurso, a fala, reivindicada pelas chamadas minorias em busca de voz própria em linguagem específica, chega à prosa de ficção que praticam.

Jacques Derrida, na entrevista *Essa estranha instituição chamada literatura*, trata a literatura como um acontecimento sempre sujeito a revisão. Merece destaque o filósofo apontar que, se a literatura pode compartilhar certo poder ou destino com outras instituições, como a jurídica-política, ela pode excedê-las, interrogá-las e "*ficcionalizá-las*" (aspas do autor, grifo meu). E continua a frase: ("ficcionalizá-las") com vistas a nada, é claro, ou quase nada, produzindo acontecimentos cuja "realidade" ou duração nunca é assegurada, mas que, por isso mesmo, dão tão mais a "pensar", se isso ainda quer dizer algo (2018, p. 114).

Foi Derrida quem cunhou o termo "falogocentrismo", combinando as palavras *falocentrismo* com *logocentrismo* e reunindo a crença nos poderes do falo à centralidade do logos no pensamento ocidental, em especial o europeu, fornecendo à crítica feminista expressão para contestar a dominação masculina e, para determinadas correntes feministas críticas, também o poder colonial, juntando as duas posturas a serem questionadas e derrubadas. Para o filósofo da desconstrução, falocentrismo e logocentrismo são indissociáveis, uma coisa única, embora seja uma coisa articulada que exige estratégias diferenciadas. No entanto, diz também que textos assinados por mulheres podem ser tematicamente antifalocêntricos e fortemente logocêntricos, o que nos acende um alerta. Torna-se, então, fundamental para a crítica feminista buscar, para além das identidades sexuais declaradas das autoras, as que assumem a função autor dos textos literários e ficcionais, buscar as articulações e as estratégias a que recorrem para garantir uma criação que não reproduza recursos reconhecidamente masculinos.

À crítica caberá a complexa tarefa de desvencilhar-se, também ela, desses conceitos, sobretudo os que constituíram nosso próprio repertório de análise durante nossa formação acadêmica, sob o risco de contaminarem a leitura das obras. Para sermos honestas, cabe apontar que Derrida explica sua própria eleição de textos que considera "violentamente falocêntricos" para seus estudos, tomando-os como contraexemplos que produzem efeitos desconstrutores e buscam explicar o caráter paradoxal de tais textos.

> Sendo ou não falocêntrico (e isso não é fácil de decidir) quanto mais "poderoso" o texto (todavia a potência não é aqui um atributo masculino, sendo, frequentemente, a fragilidade mais desarmada), mais ele é escrito, mais abala ou permite que sejam pensados seus próprios limites, assim como os do falogocentrismo, de toda autoridade e de todo "centrismo", de toda hegemonia em geral (2018, p. 91).

De algum modo, chegamos, por esse longo e sinuoso percurso, a nossa busca por estratégias literárias que garantam a recusa desse citado falogocentrismo. Voltando ao nosso encontro, na primeira "mesa", ouvimos Maria Galindo, militante feminista, afirmar:

> A gente precisa voltar a se perguntar quem é a pessoa que escreve, quem é o escritor, a escritora, quem é o intelectual, quem é o criador, quem é a pessoa que tem o direito de nomear os fatos, de dar um corpo teórico aos fatos, às lutas[3].

Para Galindo, essa seria uma pergunta política e de fato o é. Mas haveria também uma forma de investigá-la como logo e eurocêntrica, especialmente quando a escrita parte de espaços como as universidades, que são frequentemente entendidas como o lugar da academia, que detém o monopólio do pensamento e da produção teórica e escrita.

Para a ativista, o perigo seria termos como resultado uma escrita que apareceria como:

> o ato de nomear o mundo por meio da escrita como um resultado de uniformização branco, letrado e masculino que, em alguns casos, passa por uma leve democratização branca e feminina, mas dentro dos mesmos códigos patriarcais, coloniais, racistas, classistas, transfóbicos e homofóbicos.

Galindo, então, referindo-se ao texto literário, a outras formas de expressão artística e ainda à crítica e à formulação teórica da "potência da palavra em primeira pessoa", conclui que:

> a potência da construção do conhecimento em primeira pessoa é a única maneira, a única porta, a única janela através da qual a gente pode quebrar o monopólio racista, classista, sexista, histórico que pesa sobre a escrita, sobre o livro impresso, sobre a teoria construída.

Falando das estratégias de primeira pessoa em algumas das autoras, quero chamar atenção de que não se trata aqui apenas do uso de um "narrador de primeira pessoa". O mais rico e ambíguo uso do recurso é o usado de forma magnífica por Machado de Assis. Não cabe aqui apontar a força crítica da literatura de Machado ao tratar daquela sociedade em que parecia se incluir, inclusive por recurso irônico da narrativa em primeira pessoa. Roberto Schwarz já destrinçou o aspecto político dos romances de nosso autor maior, e Luiz Costa Lima, em diversos estudos, diz muito do que gostaria de apontar. Em *Memorial de Aires*, mais do que pelo uso do

....

3. Fala de abertura do evento. Disponível no canal do PACC no YouTube: https://www.youtube.com/watch?v=fw2Y6OyaBC0.

narrador em primeira pessoa, Machado rompe com o formato romance e opta por modelo de escrita mais íntima: o diário. O que se evidencia no último romance do autor é o mais potente uso do ficcional embalado no envelope da escrita íntima. Costa Lima reitera a ambiguidade do uso em estudo sobre *Memorial*: "até que ponto poderíamos confiar nas informações de um narrador tão dissimulado quanto Aires?" (1981, p. 108).

Em nossas romancistas e contistas, o uso da primeira pessoa está completamente afastado da intenção de uma construção em que o fingimento seja garantia do ficcional. Por isso é tão difícil tratar de uma estratégia que parece óbvia, usada por tantos séculos por vozes masculinas, mas surgindo com uma proposta nova. Para essa escrita, e essa é a minha questão, foi decisivo o pensamento feminista, as novas epistemologias do feminismo que fazem com que a crítica feminista possa se manifestar. Na formatação de uma crítica feminista, aí sim, Judith Butler se faz importante com seu *Relatar a si mesma: crítica da violência ética* e seu *Problemas de gênero* (Gender trouble): *feminismo e subversão da identidade.*

Atenção, porém, ao desafio que nossas ficcionistas colocam. Quando Butler (2015, p. 22) fala "Relatamos a nós mesmos simplesmente porque somos interpelados como seres que foram obrigados a fazer um relato de si mesmos por um sistema de justiça e castigo", evoca os estudos de Michel Foucault sobre o poder, que vão das confissões à psicanálise. Importante se torna observarmos a forma narrativa que um relato de si pode tomar e que os dois filósofos estudam, mas precisamos atentar para o que Butler afirma no ensaio "Um relato de si", numa diferenciação que nos interessa, mas sobre a qual, infelizmente, não se estende mais: "Contar uma história sobre si não é o mesmo que dar um relato de si" (p. 23).

Nossas ficcionistas criam uma história de si, reforçada pelo uso da primeira pessoa. O intrigante é investigar o que a autora quer relatar de si na história que conta.

Na verdade, já que é para evocar fontes, sinto-me aqui mais amparada pelo texto em que Donna Haraway debate a questão da objetividade e da ciência, trazendo uma contribuição teórica que me parece decisiva. Poderíamos transpor a questão da pretensa objetividade da ciência para discussões sobre possibilidades do ficcional quando a feminista diz:

> O feminismo ama outra ciência: a ciência e a política da interpretação, da tradução, do gaguejar e do parcialmente compreendido. O feminismo tem a

ver com as ciências dos sujeitos múltiplos com (pelo menos) visão dupla. O feminismo tem a ver com uma visão crítica, consequentemente com o posicionamento crítico num espaço social não homogêneo e marcado pelo gênero. A tradução é sempre interpretativa, crítica e parcial (2009, p. 7-41).

A citação me satisfaz bastante, especialmente quando em minhas leituras vejo o também difícil termo *ficção* como uma forma de tradução. E, desafiando as impossibilidades de definir literatura, faz ver no literário um gaguejar, a impossibilidade de compreensão completa.

Verificando a hipótese

Os muitos usos da primeira pessoa nas obras discutidas em nosso evento, como *Nada digo de ti que em ti não veja*, de Eliana Alves Cruz, contos de Natália Polesso e outras obras, apresentam modalidades diferentes e merecem trabalhos a serem desenvolvidos posteriormente.

Neste momento escolho me deter aqui em três exemplos de como tal uso peculiar da primeira pessoa aparece como estratégia de escrita literária. Para olhar mais de perto e tentar evidenciar o que observo, tomo as obras: *Pré-história*, de Paloma Vidal; *Pagu no metrô*, de Adriana Armony e *Uma exposição*, de Ieda Magri.

A escolha desse último romance de Paloma Vidal se deu pela constância com que insere em sua prosa inovadora indícios ou informações mesmo sobre ela, como usar duas línguas: espanhol e português. As práticas de escrita de Paloma Vidal já constituem um estilo próprio com que se apresenta e é lida. As obras de Adriana Armony e Ieda Magri me interessam justamente por estarem a caminho de serem publicadas como livro, o que me permitiu acompanhar o processo de realização editorial.

Nenhuma das obras é biográfica, ou seja, não se apresentam como biografia ou autobiografia, gênero que volta a ser estudado. Nenhuma é autoficção, prática literária onde há um personagem que partilha sua identidade com a do autor, nem é pseudoautoficção, a alterbiografia.

O uso da primeira pessoa, me parece, tem uma intenção específica que é episódica, destinada a atuar em um determinado momento da obra, em parte de sua construção ou se constituir apenas em um aspecto, uma possibilidade da obra, em convívio com outras. Não é apenas a expressão de um ponto de vista pessoal ou, como já foi dito, não é o uso de um tipo de narrador, o de primeira pessoa. Não é confissão nem é reflexão psicanalítica. É uma habilidade específica, um recurso, na escrita, que interpela o leitor de forma própria, revela e oculta, traz o real, mas ele vem rasurado. A foto é real, mas a autora rabiscou por cima.

No início do romance, a voz narrativa de Adriana Armony vai se organizar como autoficção, à maneira de Serge Doubrovsky. Mas não é isso.

> Meu nome é Adriana Armony. Parece nome artístico, mas não. Não tem a ver com harmonia, como alguns imaginam. Armony sem agá. E com ípsilon. Significa "meu castelo", em hebraico.

Mais adiante surge a pesquisadora rigorosa que descobre imagens e documentos em arquivos de Paris, onde foi pesquisar fatos inéditos da vida de Patrícia Galvão. À pesquisadora se mistura a ficcionista. Finalmente, teremos um relato da vida da autora no período em que se dedicou ao pós-doutorado. E na experiência com o parceiro encontrado na viagem, toda a bagagem feminista virá à tona, em dura crítica ao machismo dominante. Escreve: "(Apesar disso, não omitirei nada. Não cheguei até aqui para dourar nenhuma pílula)". Adriana, no webinário, comentou como passagens íntimas como as que constrói e as críticas ao parceiro dificultaram possibilidades de publicação. Faz sentido.

Uma primeira versão bem parcial do livro de Ieda Magri, *Uma exposição*, já foi publicada na *Revista Z Cultural*, e a publicação em livro, nada simples por se fazer acompanhar de fotos, está no prelo. É uma narrativa diferenciada da leva de obras de que vamos tratando por não ser uma narrativa de experiências urbanas, mas um relato da visita da autora à pequena cidade no interior de Santa Catarina, onde nasceu. O que se narra, então, é o deslocamento da vida na cidade ao reencontro com as origens camponesas e o ritual de matança de um boi para a festa da família. As imagens realistas do sacrifício do animal poderiam colocar a obra num escopo realista, mas também aí não é como parece. A excessiva proximidade das imagens e a narrativa que fala da autora-espectadora desfazem a realidade, que aparece com o foco perturbado pela proximidade excessiva, como na passagem:

> Numa espécie de lapso, não dura mais que um segundo, projeto a imagem do meu próprio corpo no lugar do corpo do boi. Estremeço ao me ver sem pele, sem entranhas, mas lembro da inconsciência e o tremor passa, o horror não se instala.

A narradora é um objeto de si mesma, como o boi, e se mistura às próprias reflexões apresentadas em primeira pessoa e narradas com a maior pessoalidade possível:

> Conhecer uma pessoa, recebê-la na vida, é se conhecer de novo. Em outubro de 2017, com essa novidade na vida, me vi às voltas com a necessidade de compreender o que era o meu passado camponês, antes que ele me engolisse de vez. Do nada ou do fundo de mim, essa palavra — camponesa — se tornou definidora e mesmo que eu não quisesse, saía da minha boca, nas horas em que eu menos esperava.

Finalmente, *Pré-história,* de Paloma Vidal. Desde o início de sua produção, Paloma mistura fatos e lembranças de vida à sua ficção. Seus leitores sabem bem que nasceu na Argentina, que permaneceu nos EUA durante o período de pós-graduação, que tem filhos. Não é preciso buscar dados biográficos — estão nos contos, nos poemas, nos romances. Mas nada é fornecido como matéria biográfica, está na ficção e assim é apresentado. Um tanto no caminho das deslumbrantes ficções biográficas de Marguerite Duras, desde *Barragem contra o Pacífico* até *A dor.* É de episódios revividos exaustivamente que o romance de Paloma se constitui. Um amor que parecia ser para toda a vida se desfaz numa imagem obsessivamente repetida: o adolescente com uma camisa mais arrumada do que o conveniente, com uma estrela do PT. Os dados da vida vivida remetem à biografia — onde nasceu, onde morou, como eram os pais —, mas isso pouco importa nesse caso. Poderiam perfeitamente ser fictícios; não é isso o importante. A narrativa é um acerto de contas com concessões, com a submissão à paixão revelada em cenas cinematográficas onde o *close up* se dirige sempre para aquela aparentemente libertária estrelinha do Partido dos Trabalhadores, tal como brilhava décadas atrás: "Contar é te afastar de vez, te deixando para sempre comigo. Você e sua estrelinha. Nosso amor e nosso ódio nesse desenho", diz uma passagem. E, ao final, na expressão de toda a potência possível de uma primeira pessoa:

Como terminar então? Não há um jeito simples. Escrevo simplesmente o mês e o ano em que estou. Um ano depois. Trinta anos depois. Ninguém pode terminar por mim. Escrevo o mês e o ano e não coloco um ponto final. Outubro de 2019

A narrativa é testemunha de que ninguém pode falar por ela, ninguém pode narrar a história por ela, nem mesmo um narrador/narradora pode criar a ficção por ela. Neste momento, a primeira pessoa é uma estratégia necessária.

Referências

ARMONY, Adriana. *Pagu no metrô.* São Paulo: Editora Nós, no prelo.

BUTLER, Judith. *Relatar a si mesma*: crítica da violência ética. Belo Horizonte: Autêntica, 2015.

COSTA LIMA, Luiz. *Dispersa demanda.* Rio de Janeiro: Francisco Alves, 1981.

DERRIDA, Jacques. *Essa estranha instituição chamada literatura*: uma entrevista com Jacques Derrida. Belo Horizonte: Editora UFMG, 2018.

HARAWAY, Donna. Saberes localizados: a questão da ciência e o privilégio da perspectiva parcial. *Cadernos Pagu.* Campinas, São Paulo, n. 5, p. 7-41, 2009.

HOLLANDA, Heloisa Buarque de. *As 29 poetas hoje.* São Paulo: Companhia das Letras, 2021.

MAGRI, Ieda. Uma exposição, performance. *Revista Z Cultural* (Programa Avançado de Cultura Contemporânea – PACC/Letras/UFRJ), n. 3, 2. sem. 2020. Disponível em: revistazcultural.pacc.ufrj.br. Acesso em: 10 abr. 2021.

MOLLOY, Sylvia. Desarticulações. *Revista Serrote.* São Paulo, n. 9, nov. 2011.

MORICONI, Italo. *Literatura, meu fetiche.* Recife: Cepe Editora, 2020.

RESENDE, Beatriz. *Poéticas do contemporâneo.* São Paulo: e-galaxia, 2017.

VIDAL, Paloma. *Pré-história.* Rio de Janeiro: 7 Letras, 2020.

O rumor de uma batalha: sobre as derivas de uma arte e uma crítica mutantes

Florencia Garramuño (Universidad de San Andrés / Conicet)
Tradução de Claudia Dias Sampaio
Revisão técnica de Carolina Machado

As fotografias de Claudia Andujar sobre os yanomâmis foram feitas durante as décadas de 1970 e 1980, em diversas temporadas nas quais a fotógrafa conviveu com eles, na região da bacia do rio Catrimani, no alto Amazonas. Durante todos esses anos, Andujar acumulou em torno de quinze mil negativos.

Vários anos depois, Andujar volta a fotografar as mesmas imagens, muitas vezes intervindo nelas de diferentes modos, potencializando esses registros sempre provisórios que são suas fotografias, reapropriadas em composições que utilizam técnicas complexas de laboratório somadas a organizações no espaço e combinações de objetos e fragmentos.

Genocídio Yanomami, Morte no Brasil, montada em 1989 no Museu de Arte de São Paulo, projetava sobre espelhos e painéis côncavos imagens registradas nos anos 1970 e refotografadas anos depois com iluminação especial. Tratava-se de uma instalação composta por cinco painéis que continham informações sobre a atual situação dos yanomâmis; textos de Dermi Azevedo e fotografias de Claudia Andujar; duas vitrines com espécies da cultura material yanomâmi, um audiovisual, sistema de multivisão, com trezentas e sessenta imagens coloridas sobre a vida dos yanomâmis e as consequências do contato com o mundo dos brancos; quatro projetores e espelhos para ambientar a sequência de imagens, projetadas sobre telas de dois metros e meio de altura. Também foi incluído um áudio feito a partir de composições de música clássica japonesa minimalista e gravações obtidas dos yanomâmis; uma entrevista com Davi Kopenawa (líder e xamã do grupo) e flashes sobre sua visão do mundo, gravados no programa *TV Vanguarda* (TV

Bandeirantes). Para a inauguração, Andujar convidou alguns yanomâmis para falar sobre seus problemas.

Outra instalação, *Na sombra das luzes*, exibida em uma sala especial na Bienal de São Paulo de 1998 (a "Bienal da Antropofagia", que teve a curadoria de Paulo Herkenhoff e de Adriano Pedrosa), dispôs em um espaço circular, que imitava as malocas yanomâmis, ampliações gigantescas de alguns retratos feitos por Andujar.

Marcados, exposta na vigésima sétima Bienal de São Paulo de 2006, intitulada "Como viver junto", com curadoria de Lagnado, expôs uma série de fotografias realizadas no âmbito de uma campanha de vacinação, complementadas por documentos que as contextualizavam, como o "Boletim 82" (1982), elaborado para a Comissão Pró-Yanomami (CPY), presidida então pela própria Claudia Andujar, e as fichas de saúde resultantes dessa campanha. Conforme apontou Stella Senra (2009), "como os yanomâmis não respondem a nome próprio, foi adotado o método consagrado desde o século XIX para a identificação dos chamados povos nativos: uma fotografia com um número preso ao corpo" (2009, p. 127). As fotografias feitas por Andujar cumpriram essa função identificadora, sendo incluídas nas fichas de saúde organizadas pela campanha. Em *Marcados*, a mesma fotografia da ficha é posteriormente refotografada (e, portanto, invertida), ampliada e recortada. Também em *Marcados* vemos a fotografia de uma mulher que havia sido usada em *Na sombra das luzes* e que, anacronicamente, podemos compreender que foi feita nessa mesma campanha de saúde, que está na origem da instalação que constitui *Marcados*.

O deslocamento no tempo e a montagem dessas fotografias no espaço junto a outros elementos heterogêneos, sua organização indisciplinada e o registro documental que tocam, mas também complicam, com suas intervenções posteriores — a partir da aplicação de filtros, a refotografia e a remontagem —, traduzem um momento da cultura contemporânea no qual os territórios marcados, limitados, estabelecidos e fixos são com frequência insistentemente atravessados e questionados. A arte contemporânea — e incluo aqui também a escrita contemporânea — realiza intervenções heterogêneas ao inscrever-se, simultaneamente, em campos distantes, disciplinares, geográficos e culturais.

Também grande parte da crítica contemporânea, acompanhando a deriva da arte contemporânea, foi transformando-se em uma crítica inespecífica, apontando estratégias inovadoras nos modos de leitura, em função de uma mutação mais geral de seus objetos de estudo e pesquisa das práticas artísticas e culturais contemporâneas. Se, como apontou Lorenzo Mammí, a arte contemporânea já não é o lugar onde o mundo se organiza, mas apenas onde as coisas aparecem, é evidente que a crítica sobre essa arte também deveria refazer um caminho entre essas coisas e esse lugar, transformando-se em uma cartografia capaz de atravessar as fronteiras que separam mundo, coisas e arte (Garramuño, 2016, p. 81-89).

Pergunto-me qual é o lugar do método e da disciplina nessas críticas; me pergunto se elas constroem um objeto em particular — ainda que seja diferente em cada caso —; me pergunto, enfim, se com esse método, ou métodos, constroem um objeto como o objeto desta observação crítica, ou se, em vez disso, é possível descobrir, no uso de uma observação que se vale de disciplinas variadas, a organização de um tipo diferente de saber que, ao mesmo tempo que questiona formas de conhecimento disciplinares, agrega à sua intervenção outro tipo de ações. Outro tipo de objetivo e já — não somente — de objeto de conhecimento.

O certo é que uma série de intervenções críticas recentes, muitas vezes — ainda que nem sempre — em ressonância com as formas as quais interpelam, também elas indisciplinadas e erráticas, encontram na montagem de materiais e objetos a definição, mutante, de um tipo de intervenção crítica que se distancia de territórios definidos e métodos específicos. O que procuram esses textos? Qual é o seu objetivo?

São muitos os textos que poderiam ser tomados como exemplo de um certo cruzamento transdisciplinar no qual objetos heterogêneos se apresentam sobre a mesa de análise para integrar, em combinações frequentemente estranhas e sempre iluminadoras, o estudo de um tipo de crítica difícil de catalogar. Nem crítica literária nem crítica visual, nem história cultural nem, a rigor, trabalhos de estudos culturais — trata-se de pesquisas que, distanciadas do interesse propriamente dito de capturar os traços de uma cultura, afastadas também de uma precisão em trabalhar exclusivamente com a materialidade estética, têm de todas essas outras formas de conhecimento, no entanto, um mesmo impulso que em um primeiro momento poderíamos chamar de transdisciplinar, porque nelas se entrecruzam estratégias e dispositivos analíticos provenientes de diversas disciplinas de análise das formas e dos discursos.[1]

....

1. No campo dos estudos latino-americanos, a genealogia para este tipo de intervenções é extensa e ao mesmo tempo heterogênea e tem sido mapeada ao longo dos anos, principalmente

Estou pensando em textos como *Maria con Marcel*, de Raúl Antelo; *El silencio y sus bordes*, de David Oubiña; *Formas comunes*, de Gabriel Giorgi; *Cuerpos paganos*, de Mario Cámara, ou *The object of the Atlantic*, de Rachel Price, entre muitos outros que poderiam somar-se a essa lista mutante, emergindo em diversos locais dos estudos latino-americanos (há exemplos na América Latina, nos Estados Unidos, na Europa). Sei que a lista é heterogênea, e não caberia pensar esses livros como participantes de um mesmo giro disciplinar em que compartilhassem metodologias, nem mesmo objetos de análise e preocupações. Mas é exatamente algo anterior à distribuição de métodos e à definição de objetos o que acho que essas críticas compartilham e que me interessa colocar lado a lado de uma série de intervenções artísticas, como as de Andujar — e tantos outros artistas e escritores contemporâneos — para perceber, por meio dessa comparação, a emergência de uma luz inovadora sobre modos de conhecer e de atuar nos quais arte e crítica contemporâneas parecem encontrar uma nova cumplicidade.

Todos esses textos, formas literárias e visuais, fotografias e instalações, filmes e contos, romances e crônicas, poemas e narrações perderam seu lugar de pertencimento em críticas específicas — literárias ou visuais, cinematográficas ou culturais — para compartilharem um mesmo espaço de discussão no qual são analisados juntos, lado a lado, muitas vezes não de modo totalizador — porque a totalidade não é mais crível —, senão como saberes localizados e estratégicos.

Formas comunes, por exemplo, elege situar-se *entre* os "animal studies" e a biopolítica, *entre* diversas culturas da América Latina, *entre* a literatura e a crítica cultural, interrogando textos de Clarice Lispector, Guimarães Rosa, Manuel Puig, Osvaldo Lamborghini, Martín Kohan, Roberto Bolaño, João Gilberto Noll; mas também filmes de Patricio Guzmán, Julia Solomonoff e

....

a partir da polêmica instalada com a "importação" dos estudos culturais na América Latina. Ver Nelly Richard, Ana del Sarto e outros em *Teorías sin disciplina (latinoamericanismo, poscolonialidad y globalización en debate)*. O "cultural" nessas novas intervenções deveria ser entendido no mesmo sentido que fez Mieke Bal em *Traveling Concepts in the Humanities*: o objeto de estudo das disciplinas que compreendem as ciências humanas pertence à cultura, mas não a constitui. O adjetivo "cultural" leva em conta a existência e a importância da cultura, ainda que não afirme a análise de uma concepção de cultura em particular. Ao contrário, digamos assim, a "antropologia cultural", a "análise cultural" não estuda cultura. O adjetivo "cultural" na análise cultural indica, em vez disso, uma distinção das práticas tradicionais das disciplinas de humanas, ou seja, que os incontáveis objetos recolhidos do universo cultural para um exame mais minucioso são analisados em relação a sua existência cultural (Bal, 2002, p. 9).

Lucía Puenzo; e instalações de Teresa Margolles e Nuno Ramos. O livro de Gabriel Giorgi não só interroga esses materiais heterogêneos, mas também mobiliza ritos de morte, sentenças judiciais, guerra de clones, organizações de direitos, vidas a proteger e vidas a abandonar, disposições de corpos e de sexos, cadáveres e espectros, guerras do narcotráfico, sangue e violência social. *Entre* a literatura e a cultura, *entre* as práticas artísticas e a sociedade, *entre* o animal e o humano, *entre* a filosofia e a esfera pública, *Formas comunes* se baseia na figura do animal como uma ferramenta precisa para mapear saberes e políticas em torno dos vivos, não só como reflexão sobre a construção e a desconstrução das "identidades" discursivas e sociais, da performatividade como constituição de subjetividades, senão — principalmente — como instância de produção de outra temporalidade, outra política e outra sexualidade.

A produtividade da observação que emerge desse enlaçamento renova a leitura de algumas literaturas, a leitura de alguns problemas críticos, e renova também a leitura — simplesmente. Esse enlaçamento nos dá, por exemplo, um Guimarães Rosa que, lido a contrapelo dos regionalismos e vanguardismos mais estereotipados, interroga o pertencimento, a propriedade e a espécie; ou um Lamborghini, no qual coincidem diversas temporalidades para produzir uma literatura que com repertórios do século XIX (o "bárbaro", a gauchesca, a teoria da degeneração, o higienismo) anuncia e antecipa com seus *tadeys* as lutas que décadas depois colocariam piqueteros[2], travestis e prostitutas no centro das reivindicações democratizadoras, antecipando também as novas figurações do povo que aparecerão nos escritos de Gabriela Cabezón Cámara, Washington Cucurto, Naty Menstrual, Alejandro López ou Dalia Rosetti.

Esse olhar renova também a leitura ou o modo de ler: as operações e estratégias que são colocadas em funcionamento para ler já não são centradas em especificidades, em corpus, épocas, períodos, e nem limitadas a questões formais, fixas, autônomas; e reorganizam — acho que isso é o fundamental — os efeitos dessa leitura, já não mais destinada à exibição do saber ou ao ordenamento de uma erudição, mas sim à oferta de uma caixa de ferramentas — um artefato, diria Giorgi (2014, p. 15) — para pensar "como a cultura, a partir de zonas bem diversas, mobilizou a questão animal com base em problemas muito diferentes e em múltiplas direções, e como essas operações

....

2. N.T.: Como ficaram conhecidos os trabalhadores desempregados que organizaram o *Movimento piquetero* nos anos 1990, na Argentina.

ajudam a pensar e a *intervir* sobre as lógicas biopolíticas que definem muitas paisagens do presente" (2014, p. 36, grifo meu). E isso ocorre porque não se trata de analisar — ou não somente de analisar —, nem de ler — ou não somente de ler —, senão de produzir pensamento relacionando uma materialidade — a literatura, as instalações, os filmes — com questões e problemas de um mundo contemporâneo além do literário ou do visual (além da estética), que tropos, figuras, movimentos e conexões interrogam com implacável insistência. Além da história, além da trama e além da literatura, na leitura de Giorgi os textos se conectam com potencialidades, com derivas, com fluxos. Essa fuga se manifesta na organização do livro em capítulos, digressões e codas, que não são senão formas da proliferação.

Se em *El silencio y sus bordes* David Oubiña relaciona formas literárias e cinematográficas para pensar "um modo de produção de sentido na literatura e no cinema", essa relação permanece concentrada dentro das fronteiras da estética (no sentido de que o livro é centrado em textos e filmes). Suas análises, no entanto, têm amplas ressonâncias que transcendem esse território em direção a uma cultura e a uma sociedade que, nessas mesmas décadas de 1960 e 1970, em que se situam as produções que Oubiña analisa, viram-se imantadas por noções muito semelhantes ao que ele identifica como extremo em seu estudo do cinema e da literatura. A própria formulação de uma conceitualização do extremo, que tenta dar conta de um movimento que acontece nas margens da estética e, ao mesmo tempo, afeta sua totalidade, é, sem dúvidas, fundamental nesse transbordamento do seu próprio objeto. Essa perspectiva é o que torna o livro de Oubiña tão interessante e original para pensar uma questão estética e suas ressonâncias a outros âmbitos e esferas.

Também *The object of the Atlantic*, de Rachel Price, estabelece constantes pontes e relações com as transformações sociais e econômicas que envolvem uma preocupação estética pelo objeto e pela concretude, no âmbito de uma modernidade e de um capitalismo fetichista que banha essas produções com sua luz material. Seguindo os modos nos quais as estéticas concretas de Cuba, Brasil e Espanha se nutriram, tanto pelas formas globais de construtivismo, como por uma história do Império, a escravidão e as "media technologies" do mundo atlântico, o livro de Price (2014) ilumina diversos campos que incluem os estudos transatlânticos, os estudos latino-americanos, a história da arte e os estudos da diáspora africana.

Em *Cuerpos paganos*, de Mario Cámara (2011), a preocupação com o corpo corresponde não só ao modo como diversas práticas literárias e artísticas, como as de Jorge Mautner, Glauco Mattoso, Helio Oiticica e Lygia Clark, o figuraram ou usaram, bem como permite, por sua vez, ler e redescobrir a importância que o corpo, em sua captura biopolítica, teve para o regime ditatorial que emoldurou essas práticas.

Resultado de um mal-estar diante das críticas estetizantes, por um lado, e das sociologizantes, por outro, muitos desses trabalhos procuram em diversas expressões da cultura um saber, sim, mas um saber que se desdobra com a função bem clara de afetar a trama na qual esses saberes se instituem e desarmar com desobediência as territorialidades que muitas vezes determinam o que e como essas expressões e práticas podem dizer.

Em "Thinking between disciplines", Jacques Rancière alertou sobre as operações disciplinadoras. Diz Rancière:

> A disciplina, de fato, não é antes de tudo a definição de um conjunto de métodos apropriados para certo campo ou certo tipo de objeto. É, antes, a constituição exata deste objeto como um objeto de pensamento, de demonstração de uma ideia de pensamento, isto é, uma determinada ideia de uma relação entre conhecimento e a distribuição de posições.
> [...] uma disciplina é sempre muito mais do que um conjunto de procedimentos que permitem o pensamento de um certo território de objetos. É, antes, a constituição do território em si e, além disso, o estabelecimento de uma determinada distribuição do que se pensa.
> O pensamento *in-disciplinar* é, portanto, um pensamento que remete ao contexto de guerra, o que Foucault chama de o "distante rugido da batalha". Para fazer isso, deve ignorar as fronteiras disciplinares para, então, restabelecer seu status como as armas em uma disputa (2006, p. 6).

Mais que mapear um território para construir um objeto fixo sobre o qual a multidisciplinaridade lançaria luz, esses textos e intervenções utilizam o trans da transdisciplina para que em suas montagens de saberes o percurso indisciplinado do pensamento construa novos modos de observar e agir. Nesse sentido, lembram a descrição que Mieke Bal faz do campo da análise cultural. Diz Bal:

> O campo da análise cultural não é delimitado porque as delimitações devem ser suspensas; ao selecionar um objeto, você questiona um campo. Seus métodos também não estão em uma caixa de ferramentas esperando para serem aplicados; eles também fazem parte de um estudo. [...] Você não aplica um método, você usa vários, um encontro cujos objetos são participantes para que juntos, objeto e método, possam formar um novo campo, não tão delineado (Bal, 2002, p. 4).

É claro que esse tipo de análise não se deve simplesmente à implementação de um princípio de transdisciplinaridade que, como Nelly Richard apontou há vários anos, pode ser usado de diferentes maneiras.

Em "Estudios culturales *versus* crítica cultural", Richard chamou atenção sobre a transdisciplina:

> O leitmotiv do "trans" que fabricou o novo roteiro da cultura acadêmica nos fala de fronteiras, cruzamentos e misturas, mas apagando muitas vezes o incômodo do não-refúgio apontado por Barthes quando falava do "mal-estar da classificação". [...] Barthes fazia uma necessária diferença entre a interdisciplinaridade — soma pacífica de saberes complementares que se integram a uma nova totalidade do conhecimento supostamente mais útil, sem questionar necessariamente o modelo de formação acadêmica — e a transdisciplinaridade que supõe o risco de uma antidisciplina, ao pretender inaugurar novas maneiras de conhecer que perturbam a adequação satisfatória entre saber, método e objetividade (1988, p. 196).

Acredito ser nesse último sentido da transdisiplinaridade de Barthes — que talvez, junto com Rancière, deveria se chamar *indisciplinaridade* — que essas críticas trabalham. Porque nelas, de diferentes modos, nos encontramos diante da transformação de um modo de conhecer e perceber o conhecimento, uma posição bem precisa sobre o que significam as formas da cultura e uma rejeição evidente à territorialização do saber. Da desterritorialização do saber, que implica esse uso indisciplinado de estratégias e metodologias, emergem as práticas em fluxos novos e inesperados, reconhecendo, mais do que objetos inovadores, os nós das relações complexas em que as formas e os atos de uma cultura são traçados. São trabalhos que, conscientes da extrema complexidade das intervenções da cultura, reconhecem que as formas da cultura e seus transbordamentos não podem se separar do saber, de suas leis, do agir de uma sociedade.

Vários artistas e estudiosos têm apontado o apagamento progressivo das rígidas divisões que separam críticos, historiadores, teóricos e artistas (Basbaum, 1999, p. 89; Groys, 2008, p. 118). Mais que pensar que esse cruzamento indisciplinado de fronteiras aponta para uma abolição das funções e dos lugares da arte ou da crítica e da teoria, essa atuação indisciplinada — de artistas, críticos, historiadores, teóricos — pode sinalizar a emergência, ainda em transformação, de uma nova cumplicidade entre a arte e as diversas formas que o pensamento assumiu nela. Assim como certas formas de arte se tornaram críticas ou documentais, a crítica e suas histórias têm tomado da arte inspiração para se tornarem indóceis, para remontarem e questionarem o saber, discutindo as disciplinas e o modo como se organizam e dão visibilidade a determinado tipo de conhecimento.

Em um dos textos incluídos em *Modo linterna*, de Sergio Chejfec (2013), o protagonista — um escritor convidado a um congresso de literatura — tenta tirar fotos de duas araras que, diante de cada tentativa do protagonista, resistem em posar, escondendo-se no fundo da gaiola que as abriga. O escritor pede ajuda a uma das funcionárias do hotel onde se encontra. Cito:

> Explico a ela que sou romancista, como todos os outros, e que preciso das fotos para documentar que é verdade o que escrevo; que minha principal preocupação é encontrar com alguém que me peça provas e depois me acuse de inventar tudo. Explico a ela também que até para mim mesmo este medo chama atenção, porque na realidade nunca me propus escrever a verdade, pelo contrário, sempre desprezei os romances baseados em fatos reais. Mas de um tempo para cá, não sei se a realidade nua e crua, em todo caso, o documento sobre os fatos verdadeiros é a única coisa que me salva de uma certa sensação de dissolução. O romance, digo a ela, pode ser ficção, lenda ou realidade, mas sempre deve estar documentado. Sem documento não tem romance, e eu preciso dessa foto com as araras para poder escrever sobre elas, porque do contrário qualquer coisa que eu coloque carecerá de profundidade; não deixará rastro, esclareço (2013, p. 106-107).

Ao final do texto, o romancista não terá conseguido a foto das araras — elas também, indóceis e indisciplinadas —, mas o conto, minucioso na narração dos acontecimentos e paisagens, e construído em torno de uma série de procedimentos documentais, procura ocupar ele mesmo o lugar do documento, como o título "Novelista documental" precisamente, não sem certa ironia, parece reforçar. *Modo linterna* é composto por textos em que um narrador em primeira pessoa relata histórias nas quais ele próprio e sua história pessoal estão em um segundo plano e se tornam com frequência imperceptíveis, dando lugar de protagonismo aos acontecimentos, fatos, paisagens e situações nas quais não necessariamente ele está envolvido. A condição documental parece ser, para esses textos, a única possibilidade para uma literatura que perdeu — segundo insiste seu narrador a cada momento — sua capacidade de relevância. E essa condição documental nunca, como na citação, tem a ver com nenhum realismo.[3]

Numerosos artistas contemporâneos fizeram dos documentos e dos arquivos seus materiais mais persistentes. Nas instalações que Rosângela Rennó constrói com fotografias retiradas de arquivos e posteriormente modificadas de diversos modos; nos trípticos ou séries de Gian Paolo Minelli, onde a fotografia de pessoas e edifícios se estrutura em exposições que combinam um notável fôlego documental com perspectivas decididamente formalistas e estruturadas a partir de cores e linhas geométricas; ou nas instalações que Claudia Andujar construiu com fotografias, como as que mencionei no início deste texto — restos de documentos reais ou figurados aparecem sempre modificados de um modo que Didi-Huberman (2014) chamou de "devir documentário da arte contemporânea". Emergem com uma potência bastante evidente, redesenhando uma série de relações entre documento, arte e compromisso artístico que são extremamente interessantes para pensar o modo como a estética, enquanto saber da sensibilidade, não pode deixar de registrar e reelaborar os acontecimentos — históricos ou epistemológicos — que lhe são contemporâneos, reorganizando visibilidades e corpos, formas e dispositivos, em função dos furacões da história que a envolvem.

Andujar, Chejfec, Giorgi, Price, Cámara, Oubiña: de modos certamente diferentes, todos esses trabalhos coincidem em desterritorializar os campos do saber e iluminar as zonas escuras e abandonadas desses campos, seus recantos desertos ou os enlaçamentos que, por pura visibilidade, tornam-se irreconhecíveis. Todos coincidem em ser formas diversas de construir pensamento e reorganizar visibilidades.

Como nas fotografias de Andujar e Minelli, como nos textos de Sergio Chejfec, os deslocamentos e refuncionalizações de documentos e/

3. Em "Un réalisme contemporain: les narrations documentaires", Lionel Ruffel descreve o que chama de "narrationes litteraires documentaires", como: "des recits qui relèvent tout à la fois ou distinctement de la relation du voyage, de la enquête sociologique de l'essai politique, du récit biographique et autobiographique" (Ruffel, 2012, p. 14).

ou estratégias documentais, em algumas formas da arte contemporânea, se cruzam com formas conceituais e procedimentos formais, sinalizando fazer da arte um instrumento crítico e político de reflexão e transformação do mundo onde estratégias da arte e do mundo intercambiam seus poderes e energias. Assim como as críticas e os ensaios, os documentos e a própria materialidade da vida social se tornaram material ineludível de algumas formas da arte contemporânea. Essas novas formas de crítica e de construção do saber parecem ter encontrado no uso de uma interdisciplinaridade insubordinada uma estratégia para recuperar certa relevância na ação social e fazer ouvir, no nosso mundo contemporâneo, o rumor de suas batalhas.

Referências

ANDUJAR, Claudia. Entrevista. In: PERSICHETTI, Simonetta. *Imagens da fotografia brasileira.* São Paulo: Estação Liberdade; Ed. Senac, 2000.

ANDUJAR, Claudia. *A vulnerabilidade do ser.* São Paulo: Cosac Naify, 2005.

ANDUJAR, Claudia. Entrevista cedida a Hélouise Costa. *27ª Bienal de São Paulo.* São Paulo: Fundação Bienal, 2006.

ANDUJAR, Claudia. *Marcados.* São Paulo: Cosac Naify, 2009.

BAL, Mieke. *Traveling concepts in the humanities.* Toronto: University of Toronto Press, 2002.

BASBAUM, Ricardo. Cica e sede de crítica. *Porto Arte*, v. 19, n. 10, p. 79-92, 1999. Disponível em: https://doi.org/10.22456/2179-8001.27872. Acesso em: 22 mar. 2021.

CÁMARA, Mario. *Cuerpos paganos*: usos y efectos en la cultura brasileña (1960-1980). Buenos Aires: Santiago Arcos Editorial, 2011.

CHEJFEC, Sergio. *Modo linterna.* Buenos Aires: Entropía, 2013.

DIDI-HUBERMAN, Georges. Georges Didi-Huberman: "Yo no sé lo que es el arte". Entrevista cedida a Cecilia Macón. *La Nación*, ADN Cultura, 31 out. 2014. Disponível em: http://www.lanacion.com.ar/1739946-georges-didi-huberman-yo-no-se-lo-que-es-el-arte. Acesso em: 22 mar. 2021.

GARRAMUÑO, Florencia. Devires da crítica: crítica, poscrítica, crítica inespecífica. In: OLINTO, Heidrun Krieger; SCHØLLHAMMER, Karl Erik; SIMONI, Mariana (org.). *Literatura e artes na crítica contemporânea.* Rio de Janeiro: Ed. PUC-Rio, 2016.

GIORGI, Gabriel. *Formas comunes*: animalidad, cultura, biopolítica. Buenos Aires: Eterna Cadencia, 2014.

GROYS, Boris. Critical reflections. In: *Art power*. Cambridge: MIT Press, 2008.

GROYS, Boris. The politics of installation. *E-flux*, n. 2, jan. 2009.

MAMMÌ, Lorenzo. *O que resta*: arte e crítica de arte. São Paulo: Companhia das Letras, 2012.

OUBIÑA, David. *El silencio y sus bordes*: modos de lo extremo en la literatura y el cine. Buenos Aires: Fondo de Cultura Económica, 2012.

PRICE, Rachel. *The object of the Atlantic:* concrete aesthetics in Cuba, Brazil, and Spain, 1868-1968. Northwestern University Press, 2014. Vol. 19.

RANCIÈRE, Jacques. Thinking between disciplines: an aesthetics of knowledge. *Parrhesia*, v. 1, n. 1, p. 1-12, 2006.

RICHARD, Nelly. Estudios culturales *versus* crítica cultural. In: *Teorías sin disciplina (latinoamericanismo, poscolonialidad y globalización en debate)*. Edição de Santiago Castro-Gómez y Eduardo Mendieta. México: Miguel Ángel Porrúa, 1998, p. 185-203.

RUFFEL, Lionel. Un réalisme contemporain: les narrations documentaires. *Littérature*, v. 166, n. 2, p. 13-25, 2012.

SENRA, Stella. O último círculo. In: ANDUJAR, Claudia. *Marcados*. São Paulo: Cosac Naify, 2009.

Anotação e crítica

Luciene Azevedo (UFBA)

A discussão sobre a inespecificidade vem ganhando ressonância na investigação das práticas artísticas.[1] Subjacente à inespecificidade é a ideia de expansão, do movimento para fora de uma especificidade, de uma saída das molduras em que as diferentes artes garantiram certa autonomia produtiva. Não é novidade que a ideia da arte no campo expandido tem origem no famoso texto da crítica de arte americana Rosalind Krauss, no qual ela faz a análise de obras que desafiam o conceito de escultura, como as produções de Robert Smithson. Desde então noções como inespecificidade e hibridismo têm desafiado o imaginário crítico a se arriscar nas fronteiras de uma literatura que está fora de si, para lembrar a provocação do crítico paraguaio Ticio Escobar (2004).

Nesse texto, a ideia de inespecificidade me interessa para pensar alguns deslocamentos feitos pela própria crítica. Em especial, aproveitando a sugestão da saída de um determinado modo de fazer crítica. Parto então de dois pressupostos. O primeiro deles diz respeito à possibilidade de deixar de lado requisitos determinantes para que dada produção seja considerada crítica, suprimir determinados compromissos e rotinas para instaurar um outro método: "suprimir las conjunciones, las transiciones, interrumpir y no concluir; sugerir sin presentar, afirmar y no ofrecer pruebas" (Giordano, 2017, p. 56). Para investigar isso que estou chamando de "saída da crítica", gostaria de apostar no procedimento da anotação como produção crítica,[2] partindo de algumas considerações de Roland Barthes sobre a prática da anotação como preparação para a obra. O segundo pressuposto está

....

1. O livro *Frutos estranhos,* da argentina Florencia Garramuño (2014), com sua repercussão brasileira, é um bom exemplo.

2. Testei a hipótese de a anotação ser uma forma de saída da ficção em dois ensaios sobre o gênero romance: "O romance e a anotação" (disponível em: https://periodicos.ufes.br/index.php/contexto/article/view/8263) e "A inespecificidade do romance e a anotação". In: WERKEMA, A. S. *et al* (orgs.) (2017, p. 498-516). Disponível em: http://edicoesmakunaima.com.br/catalogo/2-critica-literaria/27-conversas-sobre-literatura-em-tempos-de-crise.

relacionado ao primeiro, mas propõe um leve deslocamento, pois implica pensar a imbricação da anotação como prática crítica em relação a uma expansão na direção de um novo suporte de publicação: as redes sociais, mais especificamente o Facebook. A relação entre a anotação e a crítica na internet tem como objetivo pensar a possibilidade de falarmos em uma crítica expandida.

Reconheço que há uma longa tradição do uso da forma breve na crítica (Nietzsche, os românticos alemães, Adorno), e meu argumento não está interessado em captar nenhuma espécie de novidade na prática da anotação utilizada pelos críticos aqui comentados. Deseja, sim, analisar um certo deslocamento que ao mesmo tempo que mantém características das formas mínimas (como a lógica dissociativa dos fragmentos, por exemplo), também expande seus usos. Nesse sentido, não entendo a utilização da anotação como uma espécie de "demissão da crítica" (para utilizar a expressão de Paulo Franchetti), ou como uma representação da famosa fórmula de Bartleby, "prefiro não". Ao contrário, o uso da anotação pelos críticos aqui comentados parece ter superado o paradigma da impotência da linguagem ou do elogio do não dito para apostar em uma positividade da tarefa crítica ou numa "teoria da alegria" (Durão, 2009, p. 76).

Quando me refiro a uma saída da crítica de si mesma, quero sustentar a ambivalência em relação a uma defesa de sua especificidade discursiva (que, no caso da crítica, implica o discernimento, o juízo de valor, a aventura hermenêutica) e ao mesmo tempo um deslocamento na direção de uma inespecificidade que não apenas questiona sua própria autoridade, mas põe à prova essa autocrítica testando a forma: um híbrido de fragmento, anotação, ensaio, entradas de um diário pessoal, entradas de Facebook.

*

Há alguns anos, Flora Sussekind (2010) publicou uma crítica acerba contra a produção crítica brasileira. O conteúdo do texto mencionava os necrológios em homenagem a Wilson Martins que haviam se multiplicado após a morte do crítico. Para Sussekind, o episódio era simbólico da acomodação e do conformismo com que o pensamento crítico sobre a literatura se ajustava (ao invés de reagir) a uma visão de sua inutilidade para a sociedade. A valorização da efeméride como ocasião para "crítica", a reiteração dos lugares-comuns que serviam à canonização acrítica e tomavam espaço na análise da produção de Martins foram apontados por Sussekind como exemplos mais que suficientes para a reivindicação de que a crítica brasileira busque "outros espaços de atuação e trânsito" (2010), a fim de produzir outras condições para sua própria prática, repudiando (e não se acomodando a) sua dispensabilidade.

Para Sussekind, o episódio era uma oportunidade para levar a crítica a "reinventar sua sociabilidade", pois era representativo do modo como a produção crítica tinha deixado de se importar com a formação de um público que não fosse somente a conversa com os pares.

Evocando, não sem ironia, o sonho humanista de fazer amigos por meio do conhecimento, Peter Sloterdijk afirma que a escrita, o livro, representam uma aposta em "um caso de amor à distância" (2000, p. 9). Sem que se refira especificamente à crítica, ou mesmo à crítica literária, como é o caso do presente texto, o filósofo alemão aponta que a produção escrita supõe leitores que se disponham a uma amizade anônima, mas interessada, no que um outro tem a dizer. Como uma espécie de conclusão antecipada, o filósofo afirma que essa época acabou em especial porque "novos meios de telecomunicação político-cultural assumiram a liderança, reduzindo a uma modesta medida o esquema das amizades nascidas da escrita (2000, p. 14). Se, de fato, não é mais possível esperar da literatura ou da crítica literária que exerçam, como no século XIX, o papel de promotoras dos ideais humanistas, talvez valha a pena aproveitar a "modesta medida" para explorar um modo de continuidade e de transformação apropriando-se dos "novos meios de telecomunicação político-cultural" (2000, p. 14).

Evoco e aproximo aqui as reflexões de Sussekind e Sloterdijk porque me parece que um movimento na direção do resgate da crítica como conversa, da reinvenção de sua sociabilidade, está presente em experimentos que alguns críticos vêm fazendo recentemente.[3] Para começar, vamos tomar para análise o livro de Néstor García Canclini, *O mundo inteiro como lugar estranho.*

....

3. Poderíamos citar também como experimentos que parecem testar outras formas críticas as palestras-performance, organizadas por Paloma Vidal (https://cicloemobras.wordpress.com/) ou ainda a utilização da carta como forma de elaborar o pensamento crítico, como faz Diana Klinger em *Literatura e ética: da forma para a força* (2014). Não poderia deixar de mencionar ainda o livro *Aqui América Latina*, de Josefina Ludmer, que não só é escrito valendo-se do trânsito com a internet (Ludmer publica no livro trechos e comentários que primeiro apareceram em seu blog), como também emula a forma do diário, o registro anotado das conversas com autores e críticos de seu círculo de amizades.

A própria obra é estranha e essa estranheza é acolhida como experimento. Os textos reunidos não pertencem a um gênero específico. Adotam o tom ensaístico, tateante, mas se valem de anedotas ("Pós-xerox"), fingem-se de entrevistas ("Lugar para a dúvida" e "O que não podemos responder") e inventam personagens (como a voz do doutorando, presente em "Maneiras de citar" e "Supermercado de papers"). Há pouco aí que pode ser identificado à crítica, tal como estamos acostumados. Embora o autor dialogue com um número grande de fontes e em alguns textos faça citações diretas das obras e autores evocados, não encontramos referências precisas, pois a recusa de apontar uma bibliografia é uma decisão metodológica apontada por Canclini: "seria contraditório com o sentido deste livro" (2016, p. 169). E que sentido seria esse? Embora o autor não se detenha a refletir sobre isso de forma explícita, me parece que a própria organização da obra quer apostar em valorizar mais as perguntas que as respostas ("trata-se de que os debates tornem visíveis as incertezas", de "trabalhar o irresoluto das explicações" (2016, p. 169)), em colocar em xeque o próprio lugar de autoridade do crítico, em expor situações de embaraço com a própria rotina e com os compromissos acadêmicos e em relacioná-los com a produção intelectual *tout court*. Enfim, tudo isso aparece na forma do experimento crítico que quer flexibilizar ou contingenciar "precisões acadêmicas", apontando-as inclusive como obsoletas em tempos de internet, pois, "no fim das contas, na época do Google, basta colocar qualquer frase no servidor para ele nos enviar ao lugar de surgimento" (2016, p. 169).

Ao afirmar que é preciso então recorrer a uma "tormenta de gêneros" (2016, p. 19) para problematizar a prática crítica e o próprio lugar do crítico, Canclini parece sugerir um desejo de sair de um certo fazer crítico, de ir tateando na direção de uma inespecificidade que diz respeito não apenas à própria condição discursiva dos textos, que ao tematizarem episódios e identidades reais da vida acadêmica recorrem à ficcionalização, mas ao próprio crítico que se acomoda a uma espécie de *pensiero debole*: "'Nem sempre está claro quem fala', disse-me alguém que leu o rascunho deste livro. 'Às vezes falta o sujeito'" (2016, p. 19).

Assim, a incerteza não deve ser encarada como lugar estranho à atitude crítica, mas pode ser recuperada como ideia basilar, imanente ao próprio fazer crítico, pois, como defende Canclini: "falar sob o ponto de vista da academia ou da erudição de uma disciplina não deveria nos poupar dessas dúvidas" (2016, p. 19).

A incerteza como estranheza é um estímulo a "imaginar novos modos de indagação" (2016, p. 40). Em uma era em que as práticas digitais conduzem a um "novo regime simbólico" e contribuem para o processo de "desmaterialização da arte" (2016, p. 89), o fazer crítico também pode se reinventar como prática cultural. Podemos nos valer do próprio conceito de Canclini, o da estética da iminência. Intrigado com o que chama de "desdefinição" do estético, o argentino identifica como chave para a leitura da arte contemporânea uma tendência de amalgamar o processo de produção à própria obra.

Me parece que algo desse procedimento está em operação na "tormenta de gêneros" de que o livro se alimenta. Por exemplo, as perguntas feitas ao crítico nas entrevistas simuladas expõem contradições nem sempre evidentes, como a que explora o paradoxo entre a performance do catedrático em aulas magistrais e a produção de um livro que quer valorizar a dúvida, a incerteza, as próprias perguntas. Assim, a entrevista-performance é uma oportunidade de refletir sobre os impasses oriundos do próprio pensamento — e a inespecificidade da forma serve bem à exploração de aspectos da rotina acadêmica que quase nunca são considerados dignos de se constituírem objetos de reflexão profissional, como a ideia do "congresso como supermercado" (2016, p. 79). O conceito do próprio Canclini, então, pode ajudar a pensar que há uma iminência da forma crítica (ensaio? entrevista? anedota?) que "se insinua sem chegar a nomear" (2016, p. 93), e que esse efeito só é possível porque anotações aleatórias, comentários marginais que poderiam constituir materiais descartáveis — "fragmentos de conferências magistrais e anotações para artigos" (2016, p. 39) — são reciclados, reaproveitados para "olhar de outro modo o que acontecia" (2016, p. 136). O que estou sugerindo, então, é a possibilidade de pensar a anotação como uma das formas do fazer crítico atual.

No último curso que ministra no Collège de France, Barthes quer fazer do curso a preparação do romance que deseja escrever. Tem uma dúvida: seria possível escrever um romance a partir de fragmentos? A partir da pergunta, vai elaborar uma reflexão sobre a anotação, e, embora comente exemplos tão díspares como Tolstoi e Flaubert, Barthes quer uma nova forma de escrita, deseja abraçar o que chama de "a futilidade dessa microtécnica da notatio" (2005, p. 186). Segundo Claudia Pino, essa forma nova é um híbrido — Barthes imagina que "a notação cotidiana e a escrita ficcional poderiam, enfim, viver juntas" (2015, p. 23).

Em "Deliberação", Barthes define a anotação como uma "mina a céu aberto", mas que "tem o seu preço" (2004, p. 447). Ele está pensando em como escrever ficção com a anotação do real. Mas e se aproveitássemos sua inquietação para perguntar-nos da potência da anotação na produção crítica? Pode haver uma crítica que seja anotação? Uma crítica que se pareça com sua própria fabricação, expondo-se como maquete, encenando sua produção, como um "dispositivo para produzir efetivamente" (2005, p. 91)?

O mais comum é que as notas, as anotações, sirvam como material de preparação, logo descartado, quando a obra, o paper, o artigo acadêmico são escritos. Nesse sentido, a anotação é apenas rascunho, raramente utilizável no produto final da mesma maneira como é feito pela primeira vez. Mas e se deslocássemos nosso interesse para essa fase preparatória, para pensar o processo da escrita, do trabalho de pensar em processo, apostando na anotação também como uma forma de crítica?

A anotação como dispositivo de elaboração da crítica pode permitir que as operações de produção fiquem expostas para o leitor, oferecendo-lhe o acesso às vacilações e contra-argumentos desenvolvidos na prática crítica, elementos que nos permitam acessar a cena de produção do crítico entre suas máquinas, incorporado à rede de seus dispositivos críticos, se quisermos parafrasear o crítico argentino Reinaldo Laddaga ao descrever o que chama de "estética de laboratório" (2013, p. 15). Mas não me refiro aqui à consulta de arquivos ou manuscritos, refiro-me ao investimento que alguns críticos têm feito no sentido de fazer do laboratório de produção sua própria obra crítica, e das anotações, dispositivo de sua própria reflexão crítica.

Vamos tomar como exemplo a partir de agora o procedimento do professor e crítico brasileiro Fabio Durão. Suas posições teóricas são fortemente marcadas pela crítica cultural e pela visão marxista de Fredric Jameson. Evoco suas afinidades eletivas teóricas porque me parece que a opção pelo fragmento adotado em suas publicações recentes sugere um desconforto, uma tentativa de expandir (sem romper) com certa tradição crítica. *Rio-Durham (NC)-Berlim*, publicado pela primeira vez em 2009, reúne um conjunto de 85 fragmentos que exploram a ideia da anotação diária para registrar o que parece contingente à reflexão acadêmica e que avança na direção tanto dos espaços não oficiais de elaboração crítica, como a continuidade das discussões de um congresso em mesas de bar, quanto no tratamento de temas e opiniões controversos e espinhosos, como o impasse crítico a que a noção de cultura conduz os estudos literários. A publicação desse "diário de ideias" (subtítulo do livro), escrito durante o período em que o autor cursava seu doutorado, é justificada como uma postura de resistência ("não deixar que nos façam parar de pensar") marcada não apenas pelo que o pensamento tem a dizer, mas também por sua forma. É o que parece sugerir a observação de Marcos Siscar na apresentação da obra quando descreve o projeto do livro como uma tomada de posição de Durão em relação ao que chama de "modelo universitário da escrita crítica" (2009, p. 8). O que me interessa pensar então é uma conjunção entre a função de resistência e a forma que essa resistência assume na prática da anotação. Da maneira como estou tentando caracterizar a anotação na prática crítica, a opção por essa forma indicaria não apenas a defesa da autonomia da crítica (das convicções teóricas que alicerçam determinado pensamento que, no caso de Durão, estão bem explícitas), mas simultaneamente uma tentativa de reelaborar seus limites, apostando em uma forma que tateia na direção de algo como uma "crítica sem relato", no sentido em que Canclini elabora a noção de "sociedade sem relato". Evocando a noção de Lyotard e sua rejeição ao metarrelato, às grandes narrativas explicativas da modernidade, o argentino afirma que não contamos mais com narrativas estruturadoras do sentido, que vivemos em meio à diversidade, à discordância dos relatos (2016, p. 28).

Enfim, o que estou sugerindo é que a prática da anotação como crítica, como fazer crítico, é uma valorização do *work in progress* do pensamento crítico, é uma maneira de expor-se (o próprio crítico e o leitor) ao "laboratório de experimentação intelectual" (Canclini, 2016, p. 17).

No fragmento número 42, Durão faz uma sofisticada reflexão sobre a arte como representação. Mencionando apenas uma frase retirada de *Minima Moralia*, de Adorno (sem dúvida, um modelo de reflexão crítica), o comentário expõe o modo como o próprio crítico elabora o entendimento sobre a sentença lida: "Arte é magia, libertada da mentira de ser verdade" (2009, p. 40). Ao tentar concretizar (para si mesmo?) o que o alemão sugeria ao caracterizar o fazer artístico como mágica, Durão passeia pelas explicações que ocorrem a ele próprio para tornar mais clara a sentença. Evocando a imagem mais literal do próprio mágico que tira pombos da cartola, ao final do fragmento percebemos a dimensão metacrítica do comentário, pois nos deparamos com uma rejeição à descrição do crítico como uma espécie de mágico que tem de se desdobrar para explicar a obra, o pensamento original, como se seu papel se justificasse pela produção de conceitos que produzem a normalização do que deseja ser preservado em sua estranheza e alteridade: "o peso do impossível recai agora também sobre os ombros do crítico" (2009, p. 41).

O fragmento seguinte parece expandir a conversa com o próprio pensamento elaborado na anotação anterior: "O fragmento acima está muito elusivo: sugere demais e define de menos" (2009, p. 41). Insatisfeito com a conclusão, tentando talvez desfazer a impressão de que a produção conceitual é um estorvo que a crítica impõe como explicação da obra à arte, à literatura, ao invés de simplesmente suprimir ou reescrever a reflexão anterior, a anotação seguinte se debruça sobre ela para continuá-la em contraponto. O comentário ao comentário anterior não escamoteia o fato de que há uma forte pulsão hermenêutica na crítica que tenta vencer a mudez das obras que resistem à análise ("curiosa luta, a crítica tentando conter a obra, ficar acima dela, e a obra tentando provar que já sabia o que foi dito sobre ela"), mas dá a essa luta um empate técnico ao reconhecer que a crítica também "traz o Novo para o encontro com o texto" (2009, p. 41).

Quando evoco a ideia de laboratório (presente em Canclini e em Laddaga e utilizada para a reflexão sobre a condição das artes hoje) para pensar uma certa produção crítica feita atualmente, tenho em mente não apenas a operação de desvelamento dos bastidores da elaboração intelectual (comentários sobre leituras, opiniões sem comprovação de fontes, pequenas indiscrições sobre a vida acadêmica e as rotinas profissionais), mas também a exposição do próprio crítico, de seus modos específicos de singularização no exercício de escrever a crítica. A anotação funciona como mediação do "mundo das ideias com experiências do dia a dia" (Durão, 2009, p. 47) que capta tanto a imaginação crítica em processo, quanto as intervenções do próprio crítico pensando sobre sua visão da crítica.

No fragmento 52 (2009, p. 47), Durão anota a estupefação que lhe causou a sugestão de um amigo a quem contou sobre a experiência de estar escrevendo o "diário" que lemos. B, "um grande amigo americano", sugere que mais fácil do que escrever seria gravar as ideias. A rejeição ao uso do aparato técnico rende um comentário que poderia ser entendido como as bases de uma "poética da anotação" na crítica, pois Durão afirma que não pretende que o livro, o "diário de ideias", o conjunto de fragmentos/anotações, seja recebido como uma idiossincrasia, ou que receba a etiqueta classificatória do produto exótico, fruto indulgente de uma inteligência sensível (ou, nas palavras mais duras do crítico, como um "zoológico onde as ideias, entediadas, seriam exibidas aos visitantes"). O que se deseja, então? Para Durão, o experimento com a anotação na forma de crítica é uma maneira de fazer com que a ideia seja "paparicada, cortejada, até mesmo às vezes esquecida para depois ser revisitada". Sugere-se, então, um modo de incubar ideias, deixá-las decantar (o que quase nunca é possível no universo *publish or perish* de nossa universidade) e ao mesmo tempo explorar a vividez do aleatório, a associação do inusitado, deixando-as se agrupar "como quiserem: brincando e brigando".

É quase como se o livro das anotações fosse uma forma de mimetizar as conversas de bar tão valorizadas por Durão em inúmeros fragmentos, um espaço contíguo ao universo acadêmico exatamente porque aí há "atenção para a experiência". No elogio a esse espaço, pode-se ler também algo da busca pela renovação de uma crítica que quer dispensar um rigor científico que tantas vezes engessa o próprio pensamento, ser assaltado pelo desafio de responder a "argumentos formulados e jogados na hora" e talvez, principalmente, observar-se no momento mesmo em que observa, ou, seria melhor dizer, criticando-se no momento mesmo da elaboração da crítica. Afinal, não é a isso que se refere quando comenta a postura de uma "notável professora de Princeton" e o fato de que a colega parece obnubilada e incapaz de teorizar uma clivagem pessoal entre a autoria de "uma teoria arrojada e uma vida travada" (2009, p. 51)?

Talvez seja essa mesma condição de espaço em off que faça da prática da anotação um dispositivo propício para o surgimento de ideias como lugar de resistência. O valor da crítica como anotação reside na qualidade que tem de desvendar sua origem, sua "situação pré-textual", enfim, o "contexto que lhe deu ensejo" (Durão, 2019), que pode ser tanto uma conversa com um colega, um show de Madonna na televisão, a insatisfação com a leitura de um artigo ou com o funcionamento do regime de submissão de pareceres a uma revista acadêmica. Mesmo que a prática da anotação como fazer crítico indique uma zona de respiro, a ideia de resistência é maleável e o escrutínio crítico está alerta para isso: "O importante, assim, é discernir os diversos tipos de resistência desde a que é realmente desestabilizadora, passando pela autodestrutiva e a inócua, até chegar àquela que funciona como combustível, e que, um pavão de resistência, ajuda a que as coisas continuem como estão" (Durão, 2009, p. 138).

O conjunto de fragmentos publicado em 2009 é reeditado junto a outras anotações produzidas por Durão, agora já na condição de professor universitário. Curiosamente, as recentes anotações ganham uma organização ausente no primeiro "diário de ideias". Os comentários que funcionam como "flashes da vida acadêmica" aparecem separados daqueles que expõem a "Teoria em pedaços". Aqui, o tom parece mais acerbo, impaciente com os lugares-comuns sobre a literatura, sobre a teoria. São comentários que falam tanto do tédio com a "histeria fabril do sistema universitário" (2015, p. 139) como da intransigência com os "grandes escritos", da literatura pós-colonial, da superficialidade dos argumentos teóricos, da presença de dispositivos próprios à indústria cultural em atuação na produção intelectual. A dicção ranzinza se acentua no último conjunto de anotações divulgado pelo autor em uma rede social de acadêmicos.[4]

Aqui, gostaria de refletir um pouco mais sobre esse trânsito entre a anotação, a publicação em livro dessas notas e a divulgação na internet. Talvez seja produtivo aproximar a reflexão que Ivan Jablonka faz sobre o papel que as notas de pé de página ocupam em relação a um texto e a anotação que vale como forma crítica em sua relação com o suporte de publicação.

Para o historiador, a nota aponta sempre para o exterior, indica sempre um fora do texto, não apenas no nível narrativo, mas também epistemológico. Já tinha sugerido anteriormente que talvez seja possível pensar algumas produções contemporâneas em que a anotação funciona como dispositivo crítico, como uma expansão da crítica para fora de si mesma, resistindo a uma lógica domesticadora de sua potência, não raras vezes em funcionamento dentro da própria vida acadêmica que incentiva o "atletismo intelectual", o "halterofilismo conceitual" (Durão, 2009, p. 58) que imperam, por exemplo, em algumas performances nos congressos científicos. Nesse sentido, a anotação como crítica pode representar "um campo ativo, mesmo minúsculo, de resistência ou interferência" (Sussekind, 2010), na tentativa de alterar o "autoapequenamento", a passividade e a resignação que muitos demonstram diante da perda de seu lugar social por meio da escolha da forma da anotação como uma maneira de continuar a narrativa crítica por outros meios.

Mas, no mesmo texto, Jablonka também aponta que, sozinha, a nota não prova nada. E aí chego ao ponto: se é difícil reconhecer uma autonomia para a nota, a anotação, uma vez que sua existência reside exatamente no

....

4. O texto é um rascunho contendo fragmentos escritos depois da publicação de *Fragmentos reunidos* (Nankin, 2015). Disponível em: https://www.academia.edu/35794651/Novos_Fragmentos_RASCUNHO_.

fato de que funciona como um rascunho, material descartável que condiciona sua existência ao uso expandido em outra produção, outro texto, a publicação em livro dessas anotações representa um gesto afirmativo de reconhecimento do potencial crítico que há em expor "o produto [livro] transformado em figuração do pensamento [as anotações]" (Corrigan, 2015, p. 30).

Por isso não é surpreendente encontrar em artigos acadêmicos reflexões já exploradas nas anotações publicadas.[5] Essa oscilação entre reconhecer a anotação como algo que pode ser aproveitado para o desenvolvimento de um outro texto, como mera preparação de (outra) escrita, ou reconhecer na própria anotação um potencial crítico que atua como produto textual autônomo (ainda que fragmentário), é um movimento que pode garantir à crítica uma "dinâmica viva de questionamento" (Durão, 2016).

Quando a anotação rompe os limites da reflexão privada, deixando os cadernos (agendas ou diários) para circular em livro, abre-se a possibilidade de pensá-la como um convite à conversa (do crítico consigo mesmo, mas também com uma comunidade imaginada de leitores). Poderíamos pensar, então, na exploração dos suportes digitais como uma plataforma de circulação para ideias críticas. Por isso, vale a pena explorar o conjunto de textos publicados originalmente no Facebook pelo crítico argentino Alberto Giordano no livro *El tiempo de la convalecencia.*[6]

É difícil negar hoje a "centralidade da internet nas práticas dialógicas contemporâneas" (Groys, 2014, p. 168). Talvez ainda mais difícil seja negar o lugar central ocupado pela internet na produção e circulação de textos. No entanto, ao me deter na análise do movimento da crítica que se expande para se escrever em uma rede social como o Facebook, me interessa mais captar nuances na forma da produção crítica. Com isso quero sugerir uma relação entre a aposta na anotação como forma autônoma de crítica com um *modus operandi* próprio ao funcionamento da internet, como um sintoma,

....

5. Esse trânsito aparece de forma clara lendo-se comparativamente a última publicação dos *Novos fragmentos* e o artigo "Perspectivas da crítica literária hoje", publicado em https://sibila.com.br/critica/perspectivas-da-critica-literaria-hoje/12433. Além de inúmeros motes reiterados nos "rascunhos", o artigo aproveita quase integralmente pelo menos um dos fragmentos, o de número 13, no corpo do argumento desenvolvido no artigo.

6. Giordano também publicou outros dois livros que são uma compilação do que escrevia em seu perfil no Facebook: *El tiempo de la improvisación* (Ivan Rosado, 2019) e *Volver a donde nunca estuve: algo sobre mi padre* (Bulk Editores, 2020). N.E.: O livro *Experimento aberto: invenções no ensaio e na crítica* traz a tradução de algumas entradas de *El tiempo de la convalecencia.*

consciente ou inconsciente, não importa, de um modo de atuar nas redes digitais que afeta a maneira como lidamos também com a imaginação crítica. Quero aproveitar a pergunta de Boris Groys sobre o que acontece com a arte e a literatura quando migram das instituições culturais tradicionais para a internet (2014, p. 196), para pensar o que acontece com a crítica nesse trânsito. Minha hipótese é que a anotação como uma forma de pensar que se mostra em processo é um efeito crítico desse trânsito. Ao valorizar a exibição do processo de elaboração do pensamento, a crítica responde a um modo de afetação pelas práticas digitais que supõem uma "resincronización de la producción y de la exhibición de la producción" (2014, p. 206).

Não é incomum nos depararmos com suspeitas em relação à internet. E se é fato que o entusiasmo despertado por seu surgimento já se provou uma utopia que precisa ser reavaliada, tampouco talvez seja o caso de reavivarmos uma ideia de negatividade que poderia ter algum efeito sobre a indústria cultural nascente no século XX, mas que é insuficiente diante das revoluções digitais do século XXI. Ainda assim, essas posições resistem. O próprio Durão faz análises bem duras contra um modo de atenção que é próprio às ferramentas digitais (Facebook e e-mail) e que é determinante, segundo ele, para lançar a crítica num estado de superficialidade. O que chama de *economy of like* (2015, p. 140) impera sobre qualquer conteúdo, e a interação é apenas uma falsa forma de comunicação.

Veredito semelhante é dado pelo coreano Chul Han. Embora não tenha como horizonte a produção crítica sobre literatura ou cultura, seus pressupostos de que chafurdamos em uma sociedade que cultua a transparência dificilmente poderiam dialogar com uma ideia de crítica como negatividade, já que seu mantra gira em torno da ideia de que a "sociedade positiva [marcada pela lógica do "me agrada" do Facebook] evita todo e qualquer tipo de negatividade, pois esta paralisa a comunicação" (2017, p. 16). Posições como essas impedem pensar qualquer resistência, recusam o gesto de ocupação desse suporte pela crítica, não reconhecem que também há maneiras de "neutralizar a neutralização" (Durão, 2009, p. 56) e driblar a cooptação.

Defendo, portanto, que a lógica das "regras da interrupção" (Durão, 2015, p. 140) dominante na internet pode também ser aplicada a uma forma de pensar que faz da flutuação da atenção um requisito fundamental para a inscrição do gesto crítico. As anotações que aparecem (impressas ou na tela do computador, publicadas em uma rede social) conservam seu quê de aleatório, indiciam uma atenção ao circunstancial e revelam um olhar crítico agudo sobre novas e velhas questões.

Embora acredite que a opção do crítico pela publicação na internet não seja inócua e interfira no modo de sua produção, a anotação como a exploro aqui não é entendida como uma maneira de a crítica se render à sociedade da transparência, mas como uma possibilidade de testar novas formas de visualização para o exercício crítico, que indiciam ao mesmo tempo uma insatisfação com seguir escrevendo como antes, o desejo de não parar de pensar e de continuar a conversar. Assim, mesmo gestos resistentes a fazer o trânsito para a publicação on-line dessas anotações, como é o caso de Durão, não impedem que se reconheça um gesto de deslocamento para "produzir condições outras para a própria prática" (Sussekind, 2010). Se, como assevera Sloterdijk, já estamos cientes de que a "arte de escrever ainda que fosse exercida da maneira mais profissional possível já não bastaria para atar os laços telecomunicativos dos habitantes de uma moderna sociedade de massas" (2000, p. 14), aceitar o lugar estreito de que falamos, o pouco público que temos (conforme descreve Sussekind), não impede a crítica de se aventurar novamente numa tentativa de "imaginar mais uma vez um receptor disposto a receber sua mensagem" (2000, p. 21).

Há muitas semelhanças (temáticas e formais) entre as produções críticas recentes de Fabio Durão e Alberto Giordano. Ambos apostam na publicação das anotações como *work in progress*, ambos estão atentos à competitividade e ao produtivismo acadêmico, recusam certa maneira culturalista de ler a literatura de forma redutora, encontram na anotação uma forma de renovar a alegria com o fazer crítico, mas a matriz adorniana da reflexão de Durão pouco tem a ver com a atitude acolhedora de Giordano ao eleger o Facebook como seu "cuaderno de apuntes virtual".

No prefácio que escreve para a publicação de uma reunião de seus ensaios, Barthes afirma, quase com um tom de lamento, que ao crítico não é permitido ter um "estilo" (2009, p. 12), mas é por meio do exercício da anotação que o crítico pode atuar como um verdadeiro "experimentador público", deixando a descoberto o processo de formação de uma voz própria, desvelando sua posição na arena pública dos debates sobre a crítica, sobre o mundo.

Giordano confessa que a ideia de começar a fazer anotações implica uma "heterogeneidad de movimientos". O crítico refere-se à relação que a prática da anotação mantém com o desejo de observar a si mesmo, seus deslocamentos em relação a uma depressão recente, mas é curioso que esses deslocamentos também possam ser observados em relação aos suportes que vão alojando as anotações: um caderno, que parece um diário, que encontra depois sua acomodação eficiente no Facebook e a aposta de que os "apuntes circunstanciales" (2017, p. 13) possam alcançar o livro.

Muitas anotações (postagens? entradas do diário virtual?) refletem sobre a própria crítica, tal como acontece em Durão. No entanto, Giordano parece lidar o tempo todo com mecanismos de produção próprios à rede (a exposição da intimidade, o narcisismo, a trivialidade) para entrelaçá-los ao próprio gesto de escrever na internet, em uma rede social. Afirma, tal como Durão, o compromisso com uma concepção de crítica literária não programática, que tateia o precário de sua condição e dos objetos com os quais lida e, embora recuse entender o Facebook como "un medio para experimentaciones estéticas o críticas" (2017, p. 49), põe em dúvida a própria resistência para indagar se esse espaço não pode ser usado também a contrapelo, para desmistificar a boa consciência do crítico, como figura sempre compromissada com os melhores princípios éticos. Identificando na internet uma vitrine potencializadora da correção política, Giordano explora a tensão que há entre uma intervenção pública que "triture las posibilidades del propio pensamiento crítico" e uma lógica de funcionamento que impõe uma "forma consensuada de reconocimiento" (2017, p. 49). Reconhece a dificuldade de lidar com o registro do contingente, do circunstancial "cuando uno está acostumbrado a la retórica argumentativa" (2017, p. 56), poderíamos acrescentar, com as "regras da interrupção" tão próprias à navegação digital. Aí, então, surge o que poderia ser entendido como uma justificativa à aventura de lançar-se à rede: a defesa de uma crítica menos impositiva, mais "disuasoria", como "juego político en el que interesa menos reforzar los puntos, que destejer las tramas de ideales y creencias pretendidamente superiores" (2017, p. 62).

A opção pela anotação, pela postagem no Facebook sem pretender assumir o tom de um programa crítico vai delineando um "estilo", uma disposição que reinveste a atitude crítica de vitalidade. A internet se abre como um campo de exploração propício para a vontade de escrever, e a energia investida na produção das anotações rivaliza com a urgência dos compromissos profissionais, se sobrepõe a e se incompatibiliza com a produção de ensaios acadêmicos. A crítica se expande na direção da internet e está satisfeita: "a mi la crítica académica se me puede haber vuelto un marco demasiado estrecho" (2017, p. 99).

A publicação da anotação na rede torna quase palpável a metáfora da conversação como um dos fundamentos da tarefa crítica. Mas como Giordano encara a experiência de interação convocada pela conversa que se estabelece entre o crítico, suas anotações críticas e o leitor na internet? Comentando sobre a satisfação de encontrar amigos por meio da leitura, Giordano conta-nos como ficou sabendo, ao corrigir o trabalho de um orientando, de uma parábola narrada por Schopenhauer que expunha como um grupo de porcos-espinhos preocupava-se em manter a distância ideal para que pudessem estar juntos sem se ferirem uns aos outros. O fim do comentário indica que essa ética do viver junto mantendo distância pode ser uma boa saída para a convivência profissional e mesmo familiar. No entanto, ela também parece aceitável como descrição do lugar do crítico e das condições do convite que faz ao leitor para acompanhar suas anotações on-line, pois mesmo que o gesto da publicação simule uma intimidade imaginada com um leitor potencial, rejeita-se a lógica instantânea dos envios e respostas, as cobranças por explicações e posições peremptórias: "qué fastidiosas las críticas que reclaman respuestas directas, explícitas" (2017, p. 61).

A amizade entre porcos-espinhos na internet então seria um modo de responder à lógica da interatividade digital que supõe uma negociação permanente com "las expectativas de los otros", (2017, p. 49). Nesse sentido é que a metáfora do Facebook como um "teatro indecoroso" (2017, p. 275) mostra como Giordano, mesmo reconhecendo as armadilhas do meio, extrai delas uma funcionalidade imprevista para o gesto crítico, pois o "intimismo espectacular" (2017, p. 282) que, embora falso, é produzido pela vida digital, é encarado como uma oportunidade para conjugar a expressão pessoal do crítico (seu "estilo", digamos assim), uma forma de ler a experiência (pública e privada) e de mostrar a elaboração do processo de pensar, através das anotações postadas.

Ao apresentar ao leitor o primeiro conjunto de fragmentos publicados por Durão, Marcos Siscar afirmava que as anotações que iríamos ler representavam um desejo de escrita crítica que constituíam uma espécie de "pensamento concreto, que não se desvincularia da própria vida" (2009, p. 8). Numa espécie de resumo, apresentado na orelha do mesmo livro, nos deparamos com a ideia de que a forma anotada da crítica quer que o "'eu' seja ele mesmo material de leitura". É certo que a vida e a subjetividade do crítico estão presentes nas anotações de Durão, mas não da mesma forma como aparecem nas anotações on-line de Giordano. Na seleção que o próprio crítico faz para publicar *El tiempo de la convalecencia*, fica evidente o quanto a autorrepresentação virtual constitui ela mesma um problema crítico. Se, por um lado, há o fantasma de se deixar seduzir pelo narcisismo estimulado pelas redes sociais, revelado, por exemplo, pela "ligera incomodidad" (2017, p. 217) de encontrar os amigos de Facebook, na condição de alunos de suas aulas na universidade, e temer ser exposto a uma comparação de suas duas performances (como professor e como usuário das redes), por outro, o espaço teatral da exposição on-line parece um território perfeito para conjugar a autoanálise e o investimento em uma outra forma de fazer crítica: "ni espíritu de sacrifício, ni afán de superación, ni aspiración a la excelencia" (2017, p. 142).

Assim, o Facebook como um caderno de anotações virtuais é um espaço no qual o crítico se apresenta, se busca, se engendra ao mesmo tempo que elabora sua crítica: "senti que eso — la metamorfosis del crítico em personaje novelesco — era lo que quería que me ocorriera a través de cierto uso, sutil y exploratorio, de la teoría" (2017, p. 165). E quem sabe esse lugar de fora das instâncias acadêmicas de legitimação não seja um espaço propício para pensar um outro ethos do fazer crítico que acolha o "espíritu de ligereza" (2017, p. 142), relativize o valor de "sostener y concluir un desarrollo argumentativo" (2017, p. 194), abrace a descontinuidade, constitua, portanto, uma outra lógica, "segundo a qual as diversas ideias se solidificam por meio da acumulação por vezes distante" (Durão, 2009, orelha), sem que isso necessariamente signifique preguiça intelectual ou uma espécie de sofisticação do achismo.

Assim, uma investigação sobre uma forma de existência (como crítico na internet) está vinculada a uma certa forma de exercício crítico ou, como anota Giordano, "mejorar como crítico llevando un diario" (2017, p. 194) significa continuar apostando na crítica e no crítico como uma forma de vida.

Referências

BARTHES, R. *O rumor da língua*. Trad. Mário Laranjeira. São Paulo: Martins Fontes, 2004.

BARTHES, R. *A preparação do romance*. Volumes I e II. Trad. Leyla Perrone Moisés. São Paulo: Martins Fontes, 2005.

BARTHES, R. *Ensaios críticos*. Lisboa: Edições 70, 2009.

CANCLINI, Néstor García. *O mundo inteiro como lugar estranho*. São Paulo: Editora da Universidade de São Paulo, 2016.

CORRIGAN, Timothy. O *filme-ensaio*: desde Montaigne e depois de Marker. Campinas: Editora Papirus, 2015.

DURÃO, Fabio Akcelrud. *Rio-Durham (NC)-Berlim*: um diário de ideias. Campinas: UNICAMP/IEL, 2009.

DURÃO, Fabio Akcelrud. *Fragmentos reunidos*. 1. ed. São Paulo: Nankin, 2015.

DURÃO, Fabio Akcelrud. Perspectivas da crítica literária hoje. *Revista Sibila - Revista de poesia e crítica literária*. Ano 18, 23 mar. 2016. Disponível em: http://sibila.com.br/critica/perspectivas-da-critica-literaria-hoje/12433. Acesso em: 22 mar. 2021.

DURÃO, Fabio Akcelrud. *Novos Fragmentos* (rascunhos). 2019. Disponível em: https://www.academia.edu/35794651/Novos_Fragmentos_RASCUNHO. Acesso em: 22 mar. 2021.

ESCOBAR, Ticio. *El arte fuera de sí*. Asunción. FONDEC/CAV Museu del Barro, 2004. Versão on-line disponível em: http://www.portalguarani.com/106_ticio_escobar/4778_el_arte_fuera_de_si_2004__por_ticio_escobar.html. Acesso em: 22 mar. 2021.

FOUCAULT, Michel. A escrita de si. In: *O que é um autor?* Lisboa: Passagens, 1992, p. 129-160.

GARRAMUÑO, Florencia. *Frutos estranhos*: sobre a inespecificidade na estética contemporânea. Trad. Carlos Nougué. Rio de Janeiro: Rocco, 2014.

GIORDANO, Alberto. *El tiempo de la convalecencia*: fragmentos de un diario en Facebook. Rosario: Ivan Rosado, 2017.

GROYS, Boris. *Volverse público*: las transformaciones del arte en el ágora contemporánea. l. ed., l. reimp. Ciudad Autónoma de Buenos Aires: Caja Negra, 2014.

HAN, Byung-Chul. *Sociedade da transparência*. Trad. Enio Paulo Giachini. Petrópolis, RJ: Vozes, 2017.

KRAUSS, Rosalind. A escultura no campo ampliado. Trad. Elizabeth Carbone Baez. *Revista Gávea*, Rio de Janeiro, v. 1, p. 87-93, 1985. Disponível em. https://monoskop.org/images/b/bc/Krauss_Rosalind_1979_2008_A_escultura_no_campo_ampliado.pdf . Acesso em: 22 mar. 2021.

LADDAGA, Reinaldo. *Estética de laboratório*: estratégias das artes do presente. Trad. Magda Lopes. São Paulo: Martins Fontes, 2013.

PINO, Claudia Amigo. Escrever o romance. In: *Roland Barthes*: a aventura do romance. Rio de Janeiro: 7Letras, 2015.

SLOTERDIJK, Peter. *Regras para o parque humano*: uma resposta a carta de Heidegger sobre o humanismo. São Paulo: Estação Liberdade, 2000.

SUSSEKIND, Flora. A crítica como papel de bala. *O Globo,* Caderno Prosa e Verso. 24 abr. 2010.

WERKEMA, Andréa Sirihal; PINHO, Davi; MAGRI, Ieda; OLIVEIRA, Leonardo Davino (orgs.). *CONVERSAS sobre LITERATURA em tempos de CRISE.* Rio de Janeiro: Edições Makunaima, 2017. Disponível em: http://edicoesmakunaima.com.br/catalogo/2-critica-literaria/27-conversas-sobre-literatura-em-tempos-de-crise . Acesso em: 22 mar. 2021.

Um prisma: Silvina Ocampo por Mariana Enriquez

Judith Podlubne (UNR / Conicet)
Tradução de Claudia Dias Sampaio
Revisão técnica de Carolina Machado

Mudança de foco

No dia 7 de agosto de 2003, quando acontecia no auditório do Museu de Arte Latino-Americana de Buenos Aires (Malba) a segunda jornada da *Homenagem a Silvina Ocampo* (1903-2003), alguém do público, uma mulher alta, elegante e de meia-idade, que até então estava desapercebida na plateia, interrompeu transtornada os depoimentos que alguns conhecidos da escritora apresentavam no palco. As organizadoras da homenagem eram Nora Domínguez e Adriana Mancini. O programa, disponível na página *web* do museu, permite reconstruir em detalhes as circunstâncias. Tratava-se da mesa de encerramento, coordenada por Mancini, e entre os participantes estavam Dolores Bengolea, sobrinha-neta de Ocampo, Juan José Hernández, Marcelo Pichon Rivière, Ernesto Schóo e Jorge Torres Zavaleta, amigos de diferentes épocas. Hernández faltou, e avisou de última hora. Eu devia estar esperando por ele, porque a decepção que tive ao saber que não chegaria é quase a única coisa que recupero com nitidez. Sua convivência com José Bianco, o outro escritor sobre quem eu pesquisava naquele momento, tornava-o duplamente atrativo. Segundo me lembro, os gritos da mulher enriqueciam os insultos à homenageada com elogios a sua irmã: "Quem teve a ideia de celebrar alguém tão pérfida e egoísta como Silvina, em vez de lembrar da Vitória, sempre tão generosa!" Não poderia garantir que os adjetivos tenham sido esses, ainda assim diria que têm a ver com a disposição geral dos insultos que essa descendente das Ocampo, segundo soube depois, lançava aquela tarde na sala principal do Malba.

Silvina Ocampo havia morrido dez anos antes, numa terça-feira, 14 de dezembro de 1993. Além do centenário do seu nascimento, a homenagem comemorava esse aniversário. A pontualidade para morrer contribuía aos números redondos. Sem maiores consequências que o momentâneo mal-estar que suscitou entre os presentes, a grosseria do episódio ditou a pauta do furor que em 2003 a figura de Ocampo ainda despertava entre os que lhe eram próximos. Sua morte, em primeira instância, e a de seu marido Adolfo Bioy Casares, cinco anos depois, em uma segunda-feira, 8 de março de 1999, tinham reavivado essas paixões com a divulgação de novos depoimentos, extensos em anedotas, fofocas e traições, que remarcavam a excepcionalidade da escritora e de seu casamento. Edgardo Cozarinsky, leitor e amigo de Ocampo desde finais dos anos 1960, tratou da relação entre fofoca e excepcionalidade em "El relato indefendible", um texto clássico de 1973.

> A fofoca — escreveu — se define como relato transmitido. Algo de *alguém* é contado e essa história se transmite porque alguém, ou o algo, é excepcional: pode-se conceber que seja contada uma trivialidade de *alguém* famoso, ou *algo* insólito de um desconhecido; dificilmente, uma trivialidade de um desconhecido, e não é frequente que coincidam o personagem famoso e o fato insólito (Cozarinsky, 2005, p. 22).

Em Silvina Ocampo a coincidência parece sobredeterminada. Filha de uma abastada família argentina (a última de uma série de seis irmãs mulheres, cuja primogênita foi Victoria, fundadora e diretora da revista *Sur*), esposa de Bioy Casares, como mencionei, amiga pessoal de Jorge Luis Borges, a história de sua vida foi pródiga em *circunstâncias privilegiadas*, que ambientaram seus contos e poemas, *pormenores excêntricos*, com os quais temperou cartas e entrevistas, e *episódios privados*, pouco convencionais, cujas razões manteve reservadas. Uma aura lendária envolve Silvina Ocampo. Do seu modo, ingênuo e paradoxal, ela desempenhou um papel importante na criação da lenda que a teria como protagonista tímida e recatada. Seus contos, poemas, cartas e entrevistas compuseram uma imagem de si que daria motivos fundamentais para a narrativa de sua vida. Além de um dado biográfico, a menoridade — aludo aqui tanto a sua atração pelo infantil como a sua tendência ao segredo, ao fora de foco ou ao segundo plano — acabou tornando-se um assunto central em sua literatura e uma marca distintiva de suas autofigurações. Ocampo cunhou fórmulas precisas, sinais de identidade, econômicos e eficazes, que seus leitores ainda repetem com mais aprovação que distância: "Não sou sociável, sou íntima" (Ulla, 1982, p. 42); "Preferia manter-me ao lado do segredo", "Nunca fui de grupos, gostava da solidão, guardava as coisas para mim" (AAVV, 1982, p. 361); "Me sentia o et cetera da família", "Fiz tudo às escondidas, eu gostava de me esconder" (Beccacece, 1994, p. 113).

A escrita foi em seu caso uma escolha tardia. Publicou seu primeiro livro aos 34 anos; tinha planejado dedicar-se à pintura. Impassível aos ditames da época, transformou-se em uma narradora soberana. Sua obra é de uma maturidade que encontrou na infância a maneira absoluta de ver as coisas, a invenção de um mundo que inventaria tudo de novo, incluídas as pautas com as quais deveria ser lida. Assim entenderam seus primeiros leitores entre fins dos anos 1960 e começo dos anos 1970, Alejandra Pizarnik, Sylvia Molloy, Cozarinsky e Enrique Pezzoni, ao encontrarem-se com *La furia y otros cuentos* (1959), *Las invitadas* (1961) e *Los días de la noche* (1971), os três livros de contos que tempos depois a lançariam a uma glória discreta.

Nos anos 1980, quando a obra estava próxima de se encerrar — *Cornelia frente al espejo* e *Así sucesivamente,* os últimos livros publicados em vida, são de 1987 e 1988 —, a narrativa de Silvina Ocampo começou a ser frequentada por um público mais amplo que o dos círculos próximos. Os motivos dessa defasagem foram analisados pela crítica. O reconhecimento literário de sua obra coincidiu com o pequeno sucesso editorial que provocou a publicação da autobiografia de sua irmã Victoria, na primeira metade da década. Victoria tinha começado a escrevê-la em 1952, mas se negou a publicá-la antes de sua morte, ocorrida em 27 de janeiro de 1979. Os seis volumes da autobiografia apareceram entre 1979 e 1984 e imediatamente se transformaram em *best-sellers.* Os três primeiros, dedicados à infância, à adolescência, à juventude e ao amor clandestino com Julián Martínez, esgotaram a edição em poucas semanas. É provável que o interesse massivo suscitado por esses livros tenha despertado expectativas sobre a narrativa e a vida de Silvina. Destaco essa coincidência porque ela evidencia outra que especialmente me importa. Refiro-me à identificação, então excludente, entre a lenda das Ocampo e esse *relato familiar de infância* que suas literaturas foram compondo de modos diversos, baseadas em personagens, cenários e temas em comum: serviçais, babás, instrutoras estrangeiras, tias em mansões e temporadas de verão nas quais governa a incúria dos adultos. Os vínculos filiais e fraternos dos membros das classes altas, seus usos e costumes, delimitaram os principais núcleos de um relato biográfico comum tramado nesses anos. Foi o momento em que as autofigurações de Silvina marcaram sua disposição para o sigilo, o mistério, o espírito reservado, diante da expansividade e determinação de Victoria.

Com a morte de Silvina Ocampo, a lenda mudou de foco e forma narrativa. Ao incorporar os capítulos sobre o casamento e os hábitos sexuais, o *romance familiar de infância* se transformou em *melodrama sentimental*, um gênero eminentemente de massa, presente desde o começo em sua narrativa e cujos motivos e convenções completaram daí por diante o relato de sua vida: amores clandestinos, triângulos amorosos, incesto, vítimas e algozes, rivalidades, filhos fora do casamento reconhecidos e não, mortes por acidente, decadência econômica, litígios judiciais. Devido em parte às urgências vitais e econômicas de Bioy, a privacidade de Ocampo adquiriu o estado público que ela lhe havia negado. Propagaram-se aos quatro cantos os rumores que durante anos tinham circulado como um segredo. Em 1981, *Testimonio sobre Mariana,* o *roman à clef* de Elena Garro, tinha deixado exposta a relação amorosa que a autora manteve com Bioy durante décadas, estando ambos casados. Ela, com Octavio Paz, amigo de Bioy nesse momento. Em 1983, o ensaio de Juan José Sebreli, "Historia secreta de los homosexuales en Buenos Aires", tinha lançado dúvidas sobre as razões do casamento entre Ocampo e Bioy ao registrar o rumor difundido por Arturito Álvarez sobre o romance da escritora com Marta Casares, sua sogra. A série de textos autobiográficos aos quais Bioy se dedicou na última fase de sua vida, a maioria editada de forma póstuma, explicitaram as cláusulas não escritas desse "contrato matrimonial libérrimo" (Panesi, 2000, p. 266) que os uniu durante mais de cinquenta anos. Editadas em abril de 1994, quatro meses depois da morte de Ocampo, suas *Memórias* deram por subentendidas as infidelidades conjugais e as mencionaram com um pudor ainda relativo, se comparado ao exibicionismo gozoso e autossatisfeito de *Descanso de caminantes,* a miscelânea de notas autobiográficas, opiniões literárias e lembranças pessoais publicadas em 2001. A vanglória dá o tom deste livro nos momentos em que Bioy aponta as rotinas com suas "amigas" e as impressões sobre elas. A constante entre um volume e outro, sustentada com matizes até o *Borges,* surgido em 2006, foi uma imagem pálida e mesquinha de Ocampo, composta a partir do ofuscamento de seu trabalho literário e da ênfase nos papéis de esposa exigente e dona de casa desajeitada.

Quando em 1999 estreou *Las dependencias,* o telefilme documentário sobre Ocampo dirigido por Lucrecia Martel, a pedido de Lita Santic, com roteiro e pesquisa de Graciela Speranza e Mancini, o melodrama já tinha dado então uma de suas reviravoltas explícitas e mais radicais. A publicação em 1998 de *Correspondencia Pizarnik*, sob responsabilidade de Ivonne Bordelois, tinha incluído algumas cartas a Ocampo, entre elas a datada de 31 de janeiro de 1972, oito meses antes do suicídio, na qual a poeta lhe declarava um amor infinito. A relação de Ocampo com Pizarnik já devia ser então relativamente conhecida no ambiente literário portenho para que, em 1975, uma jovem e romântica María Moreno pudesse atacá-la com um "Eu sou mais linda do que Alejandra Pizarnik", diante da falta de resposta às suas demandas amorosas.[1] O maior dos muitos acertos do documentário de Martel foi deixar a narração a cargo de testemunhas únicas da vida de Ocampo: Jovita Iglesias, a governanta, e Elena Ivulich, a secretária. Ambas frequentaram diariamente os edifícios das ruas Santa Fe e Equador, primeiro, e Posadas e Schiaffino, depois, durante mais de quatro décadas. As declarações de Iglesias, suas memórias com o casal, em particular com a escritora, foram compiladas e editadas por Silvia Renée Arias em *Los Bioy*, publicado em 2001. Arias associa seu livro ao *Monsieur Proust*, o volume que Céleste Albaret, a governanta do romancista, escreveu com a ajuda de Georges Belmont e publicou em 1973. O depoimento de Iglesias deu um impulso significativo ao desenvolvimento do melodrama ocampiano. Com um estilo simples, de claridade abismal, suas lembranças iluminaram faces inéditas da escritora e mostraram um mundo doméstico, rotineiro, de hábitos fixos e costumes insólitos, estabelecidos sobre uma tormenta de paixões desbocadas e egoísmos desmedidos. A mistura de dependência afetiva e flagrante indiferença caracteriza a atmosfera familiar em *Los Bioy*. Até a publicação do volume, o desapego, a crueldade e os ciúmes possessivos tinham sido, para o público em geral, temas apenas da literatura de Ocampo. Iglesias não contou tudo o que sabia, mas sim mais do que podia observar. Em uma nota de 2002, Beccacece apontou que, assim como Céleste Albaret resistiu em admitir que Proust tivera amores com homens, Iglesias negou os amores lésbicos de Ocampo. Bastou apelar para a transparência de suas declarações para que Beccacece pudesse provar seu argumento: "Nunca vi nada nesse sentido. Vinham muitas *amigas íntimas* da senhora à casa, mas nunca soube que ela tivesse *essas manhas*" (2002, p. 5, grifos meus).

Em 2004, María Esther Vázquez dedicou ao casamento o capítulo mais longo de seu livro *La memoria de los días: mis amigos, los escritores:* "Posadas

....

1. A anedota introduz a entrevista de María Moreno publicada originalmente em *El Cronista Cultural* de 13 de setembro de 1975 e incluída em 2005 em *Vida de vivos: conversaciones incidentales y retratos sin retocar* (Buenos Aires, Sudamericana).

1650: Silvina Ocampo e Adolfo Bioy Casares: com o número dois nasce o lamento". Evoca com uma nostalgia controlada, por momentos irônica, distintos episódios de sua longa amizade. O texto comenta em detalhes esse "elo obsessivo e doentio" que unia o casal, um laço no qual "não se sabia quem dependia de quem" (2004, p. 136). Junto aos casos de Bioy, sua má-fé, o aborrecimento pelos medos e controles de Ocampo, a dor e a humilhação de Ocampo, a cumplicidade e mútua displicência, Vázquez registra essa dose de insensatez que afinal sustentava o laço entre ambos. A verossimilhança do seu relato decresce quando, com ânimo desafiador, a autora se poupa de contar os amores lésbicos de Ocampo, mais ainda, quando decide esclarecer a omissão. "Muito antes de sua morte, e ainda hoje — escreve, encontro gente que maliciosamente me pergunta se Silvina Ocampo foi bissexual. Não sei nem me parece importante sabê-lo" (p. 134). O que seu comentário não explica é por que então ela decide mencioná-lo.

A bissexualidade de Ocampo voltou a ser um tema implícito e secundário, ao lado de outras revelações, na entrevista que Dolores Bengolea concedeu à jornalista Magdalena Ruiz Guiñazú em 2010 para o programa televisivo *Las Ocampo* no ciclo de documentários *Secretos de familia*, apresentado pelo canal Todo Notícias. O melodrama tinha chegado à televisão. O programa está disponível no YouTube e a entrevista completa pode ser lida no livro homônimo que Ruiz Guiñazú publicou imediatamente depois do ciclo pela editora Sudamericana. Fica claro o interesse de Bengolea pelo filão mais turbulento da lenda. Cito um breve fragmento, que não faz jus ao tom conclusivo da entrevistada.

> — Silvina era uma pessoa muito dissimulada, muito mentirosa, muito aproveitadora, mas absolutamente carismática. Era impossível não gostar dela, mas era mesquinha, arbitrária, um pouco falsa.
> — Você não teve uma boa relação com ela.
> — Sim, tive muito boa relação com Silvina e a adorei, e a adoro, mas não deixo de ver isso, principalmente como a outra face de Victoria, que era a generosidade em pessoa (2010, p. 39).

A perversidade de Silvina *versus* a generosidade de Victoria, novamente. Duvido de minha memória e penso se não teria sido Bengolea a mulher daquela tarde na homenagem do Malba. Estaria na plateia e não no palco como indicava o programa? Seria outra descendente das Ocampo a que gritava? Nesse caso, quem? Existia um acordo familiar em relação à maldade e ao egoísmo de Silvina? Como teria sido tramado? Quais circunstâncias, acontecimentos e ressentimentos o fundamentariam? Pode-se começar conjeturando em torno dessas ou de outras questões se quisermos remover o roteiro que foi estabelecido em torno de sua vida.

Parte indivisível

Em 1991 Matilde Sánchez não podia imaginar a publicidade que ganharia a vida de Silvina Ocampo *post mortem*. Seu prólogo em *Las reglas del secreto*, a volumosa antologia de contos que organizou para o Fondo de Cultura Económica, prognosticou então que, dado o isolamento da cena cultural argentina no qual tinha vivido, "toda biografia de Ocampo teria que ser vista não como uma ajuda mas sim como um obstáculo. Nos escassos depoimentos que encontre esse hipotético biógrafo — acrescentou — irá deparar-se com uma deliberada ausência de datas, nomes e precisões" (1991, p. 8). Publicada em 2014 pela Universidade Diego Portales, de Santiago do Chile, e reeditada em 2018 pela editora Anagrama em Barcelona, *La hermana menor: un retrato de Silvina Ocampo*, de Mariana Enriquez, é a primeira biografia. O "hipotético biógrafo" acabou sendo uma escritora, e os depoimentos, abundantes e com mais dados que o previsto. Sabe-se da importância que essa prioridade concede aos biógrafos: ao estabelecer a versão inicial de uma vida, seu relato será de consulta inevitável.

A ideia do livro foi de Leila Guerriero, que o encomendou a Enriquez para a coleção "Vidas ajenas". Em 2011, Enriquez tinha participado com um texto sobre Alejandra Pizarnik em *Los malditos*, a compilação de perfis biográficos de escritores latino-americanos do século XX que Guerriero havia editado para a mesma coleção. O antecedente acabou sendo duplamente importante. Por um lado, porque a escrita desse perfil se projeta sobre as decisões formais e compositivas de *La hermana menor* e, por outro, porque a publicação de um texto biográfico sobre Pizarnik convoca imediatamente uma cena de leitura exigente, eminentemente argentina, da qual a biografia de Ocampo participa por adjacência. Refiro-me à cena que tem suas coordenadas maiores no ensaio e na biografia de Pizarnik escritos por César Aira. O primeiro, publicado em 1998 por Beatriz Viterbo Editora, reúne as quatro conversas sobre a poeta apresentadas por Aira no Centro Cultural Ricardo Rojas durante o mês de maio de 1996. A biografia apareceu em 2001 na coleção "Vidas literarias", dirigida por Nuria Amat para Ediciones Omega em Barcelona. Ambos têm por título o nome *Alejandra Pizarnik*.

Enriquez se recusa a aceitar que *La hermana menor* seja uma biografia: o subtítulo do volume anuncia um retrato e suas entrevistas insistem na ideia de que é um perfil biográfico. O perfil é um gênero jornalístico. Michael Holroyd lembra que, ainda quando na família da literatura a biografia se assume como o produto estranho da junção entre a história e o romance tradicional, muitos suspeitam que o verdadeiro pai tenha sido o jornalismo (2011, p. 39). O nome inglês, *profile*, se deve a Harold Ross e a Jane Grant, os fundadores da revista *The New Yorker*, e data do final dos anos 1920. Os escritos sobre o gênero se referem com frequência à experiência de uma prática, mas não exploram a tradição na qual essa forma se baseia, nem os problemas teóricos que compromete. Formada em Jornalismo e Comunicação Social, Enriquez ganhou experiência como escritora no jornal *Página/12*, onde, até a publicação deste livro, atua como subeditora do Suplemento *Radar Libros*. Tem uma obra narrativa premiada e traduzida para várias línguas, composta, até o momento, por quatro romances e três livros de contos. No prólogo de *Los malditos*, Guerriero, também reconhecida jornalista da imprensa nacional e internacional, propõe uma definição *ad hoc* do gênero:

> Um perfil. Um perfil não é um ensaio nem uma crítica nem uma análise literária. Um perfil é um perfil é um perfil. Um olhar em primeiro plano sobre os trabalhos e os dias, os maridos e os filhos, os tios e as bibliotecas, os armários, os livros, os poemas, as viagens, os amantes, as manias, os remédios, os eletrochoques (2017, p. 11).

A definição segue pela via negativa e retoma a ideia desenvolvida em sua conferência "La imprescindible visibilidad del ser, o la lección de Homero", lida em 2008 no Festival Malpensante de Bogotá e depois compilada em *Zona de obras*, de 2014. De acordo com a fórmula que Guerriero propõe, um perfil é um olhar, um ponto de vista subjetivo, e as formas que sua definição exclui, o ensaio e a crítica literária, antecipam as decisões e colheitas de Enriquez sobre seu trabalho.

> Eu e Leila Guerriero, que editou o livro, não o propomos como uma biografia, mas como um perfil biográfico. Não tínhamos a pretensão de totalidade. Leio

bastante biografias, mas para escrever *esta* li vidas de escritores e personagens mais fragmentadas, porque a ideia era, antes de mais nada, um olhar (Enriquez In Lezcano, 2016, s/p., grifo meu).

O fantasma da biografia retorna involuntariamente no mesmo momento em que é esconjurado. O cuidado de Enriquez expõe as suposições que validam suas decisões: a ideia de que a "pretensão de totalidade" é uma exigência irrenunciável da escrita biográfica e a confiança em uma nítida distinção entre esta e as vidas de escritores.

"La biógrafa cautelosa", o ensaio de Patricio Fontana incluído em *Un arte vulnerable*, examina com perspicácia o incômodo de Enriquez com o gênero e conjectura razões que explicariam a atitude defensiva frente a seu livro. Para Fontana, a autora se mostra "intimidada, amedrontada" pela impossibilidade de ter acesso ao arquivo (2018, p. 211). As 354 caixas que contêm parte importante desse arquivo, a biblioteca do casal Ocampo-Bioy, estiveram sob custódia de Ernesto Montequin, o testamenteiro, até 2017, ano em que foram doadas à Biblioteca Nacional, onde permanecem em processo de catalogação. À diferença de outras biografias, que se escrevem *contra* as já existentes de seus sujeitos, *La hermana menor*, imagina Fontana, teria sido construída a partir dessa impossibilidade, "sob a sombra intimidante de um livro ainda inexistente: a biografia monumental que Montequin poderia escrever ou quem ele decida" (2018, p. 199). As declarações de Enriquez favorecem essa hipótese. *La hermana menor* está composta principalmente, mas não exclusivamente, de depoimentos orais e escritos, que multiplicaram as mortes de Ocampo e de Bioy, e que os leitores argentinos foram consumindo, como por fascículos, à medida que o melodrama avançava. Enriquez consultou as reportagens disponíveis, somou novas entrevistas com amigos e conhecidos da escritora e chamou outros entrevistados. O procedimento é o mesmo usado no perfil de Pizarnik. Alguns dos depoimentos chegaram a ter *a posteriori* um valor a mais por se tratarem dos últimos oferecidos por suas testemunhas, que morreram pouco tempo depois: María Esther Vázquez, Ernesto Schoó e Noemí Ulla.

Além de refletir sobre a importância que sempre envolve uma primeira biografia, Benoît Peeters, o biógrafo de Jacques Derrida, propõe, em divergência com os que defendem os benefícios da distância histórica, que o melhor momento para escrever uma é o dos anos posteriores à morte do biografado, em que ainda se pode contar com os testemunhos próximos (2020, p. 82). A existência de testemunhos orais, o contato direto com os amigos, parentes e conhecidos do biografado é o que, segundo Peeters, distingue as biografias frias das quentes: "Eu não gostaria de ter como objeto nada mais do que o papel; preciso dos depoimentos" (p. 43). Suponho que Enriquez compartilha dessa preferência. *La hermana menor* é uma "biografia quente". Em Guerriero, a preferência é explícita. Sua conferência de 2008, texto que descreveria como sistemático a não ser porque evade todas as prescrições, concede uma importância central à entrevista na elaboração do perfil. A arte do entrevistador combina, segundo especifica, a arte de fazer perguntas com a de saber observar. O que alguém faz diria de si mesmo muito mais do que qualquer um está disposto a admitir. Enriquez domina ambas as artes. Não descartaria então que o impedimento de ter acesso ao arquivo, sem dúvidas um obstáculo para qualquer um que decida empreender a história de uma vida, tenha tido, no seu caso, a vantagem recompensadora de ter-lhe permitido realizar o que efetivamente tinha se proposto desde o começo: a escrever um retrato ou um perfil, quer dizer, variantes da forma biográfica definidas pelo direito à parcialidade, à visão pessoal sobre o biografado, cujos antecedentes remetem a nada menos que *Victorianos eminentes,* de Lytton Strachey.

A que obedeceria então a atitude cautelosa que Fontana percebeu na escrita de Enriquez? O que a intimidaria se a pressão da biografia monumental ficava, de fato, neutralizada pela falta de acesso ao arquivo e, de direito, porque as tarefas de questionamento exaustivo desse material não pareciam ter sido seu propósito? Toda biografia mostra também o estado do saber disponível sobre o biografado no momento em que se escreve. Mas não porque incorporá-lo constitua um requisito inevitável do gênero — muitas e excelentes biografias apostam nessa escolha: tal é o ensinamento de Strachey —, senão porque o biógrafo escreve conversando com esse estado. *La hermana menor* percebe os núcleos argumentais mais significativos (e exacerbados) da lenda de Ocampo a partir das distintas versões orais e escritas oferecidas pelos testemunhos. A vertente melodramática tem uma prioridade notável em relação ao relato da infância: das 211 páginas do livro, só as primeiras 28 são dedicadas aos anos anteriores ao casamento com Bioy. A proporção é curiosa se considerarmos a insistência com que Silvina lembra sua infância nas entrevistas, a gravitação que tem em sua literatura, e o fato adicional de que o primeiro volume da autobiografia de Victoria oferece, como comentei, uma quantidade de informação atraente sobre a vida familiar. Das 183 páginas restantes, não mais de 30 são dedicadas à obra. Enriquez articula um relato cronológico e plurívoco alinhavando os "retalhos de biografia" (a fórmula é dela) que, de modo disperso, já estavam disponíveis. Em uma reportagem com Nuria Azancot, ela conta deste modo: "Optei por uma polifonia: muitas vozes de distintas fontes contam sua versão de Silvina, a Silvina que conheceram (ou sobre a que escreveram, quando usei fontes escritas). Nem sempre coincidem e escolhi manter esse prisma" (2018, p. 1).

Desde o título, a imagem que *La hermana menor* oferece de Silvina Ocampo ratifica, sem questionar, o que os leitores argentinos conheciam há tempos. O livro amplia a lenda ocampiana para um público internacional, de língua espanhola e contemporâneo, interessado em vidas femininas. "Preferi *tomar por dado* o mito", afirma Enriquez na entrevista com Patricio Zunini, "o que me parece mais interessante, porque não é uma investigação policial. Para mim isto pareceu melhor do que ir desesperadamente atrás dos fatos para saber o que era certo" (2014, p. 2). A alternativa que propõe seu comentário reduz o exercício biográfico a dois recursos igualmente módicos: o respeito, a reprodução dos lugares-comuns que fortalecem o mito do biografado (que seria senão "tomar por dado"?), ou a revelação dos segredos que poderiam refutá-lo. Esta segunda opção é a que se anuncia na contracapa sem assinatura que as edições chilena e espanhola compartilham: "Neste livro, a escritora argentina Mariana Enriquez, a partir de uma enorme quantidade de fontes bibliográficas e depoimentos de amigos, críticos, parentes e testamenteiros de Silvina Ocampo, questiona os mitos, descortina seus segredos e...". Em ambos os casos, quando o sujeito em questão é um escritor ou um artista, o efeito que se produz é o mesmo: a obra do biógrafo é relegada a um interesse subsidiário e o vínculo que ela estabelece com sua vida renuncia a toda espessura problemática:

> O tema central das biografias de escritores — argumenta Analía Capdevila — é a relação entre a vida e a obra. E ainda que o gênero se encontre fortemente codificado — repetem-se muitos temas e motivos nas versões mais padronizadas —, o que atenta contra toda originalidade não é essa prescrição, mas sim o modo como se apresenta em cada oportunidade (em cada autor) o problema central que o estrutura, que está na base como seu fundamento; aí é onde se garante o sucesso ou o fracasso da biografia (2018, p. 213).

Em termos gerais, é certo o que aponta Guerriero ao distinguir o perfil biográfico das próprias formas da crítica literária, mas não menos certa que essa distinção é a que se estabelece entre o perfil de um escritor, um artista, e o de qualquer outro sujeito biografável. Na vida de um escritor, ao menos na vida de um escritor escrita por outro, e penso exclusivamente nas que cumprem com essa condição dupla, nem os amantes nem as manias, nem as viagens, nem os eletrochoques, para mencionar alguns dos atributos que enumera Guerriero, têm significados em si mesmos. Eles valem menos pelo que efetivamente foram (no caso de que esse valor pudesse ser de algum modo estabelecido) que pela irrealidade a que a escrita da obra os devolve para que possam continuar significando no futuro. A vida não está na origem da obra, ensina Barthes (1987, p. 79), mas é uma fábula que compete com ela; há uma reversão da obra sobre a vida (e não ao contrário); é a obra de Proust, de Genet, acrescenta, o que permite ler sua vida como um texto. O perfil ou a biografia de um escritor — a distinção é, neste ponto, completamente irrelevante — requer um pensamento sobre o vínculo entre vida e obra, fundamentalmente, para contornar a tentação substancializante que ameaça a ambas e, assim, mantém vivo o movimento de (e entre) uma e outra.

> O biógrafo se senta para escrever uma vida, observa Matías Serra Bradford, não para iluminar uma obra (isto é um efeito secundário) senão para retratar a relação (uma história à parte) entre obra e vida, às vezes antagônicas, precisamente, para que cada uma possa sobreviver por sua conta. O que um biógrafo julga é, entre outras coisas, se uma vida possui um mistério suficientemente magnético, e se a obra é parte indivisível desse mistério (2011, p. 12).

Narrada por Enriquez, a vida de Ocampo é uma coleção de acontecimentos públicos e privados articulados com a finalidade de destacar a peculiaridade da protagonista. A obra tem um lugar reduzido nessa história. Menos importante que seus dotes de adivinha, seus romances, os de Bioy, seus medos, sua mesquinhez — se atentarmos ao modo como a narração biográfica apresenta cada um desses traços. *La hermana menor* dedica um breve parágrafo (três páginas mais ou menos) para cada livro de contos de Ocampo. A apresentação reproduz o registro cronológico que norteia o relato da vida e se intercala entre seus acontecimentos. Em todos os casos, a estrutura dos parágrafos combina uma aproximação temática dos contos, a identificação de personagens, tópicos e procedimentos recorrentes, com extensas avaliações específicas de leitores especializados. Enriquez não oferece uma visão de conjunto sobre a literatura de Ocampo, poucas vezes arrisca um juízo próprio; é cuidadosa ao atribuir a vida à obra e só em poucas ocasiões, nas quais se refere a acontecimentos autobiográficos, se permite conexões diretas entre uma e outra.

Aos parágrafos sobre cada um dos livros, *La hermana menor* acrescenta outro, extenso e geral, "Minha vida não tem nada a ver com o que escrevo", que reúne a discussão sobre a recepção da obra em vida de Ocampo. Enriquez se interessa por elucidar *se Ocampo foi lida ou não* pelos contemporâneos, uma polêmica da qual os estudos especializados dão conta e, além disso, questionam: *como ela foi lida* em cada momento. Basta lembrar que se trata de uma narrativa que foi publicada ao longo das cinco décadas centrais do século XX, um período marcado por transformações nos modos de ler especializados da crítica argentina e também do público em geral, para ressaltar a impossibilidade de avaliar os encontros e desencontros com seus leitores à margem dessas transformações. A avaliação requer um exercício interpretativo do qual *La hermana menor* prescinde para cumprir seu propósito. "Há muitos textos acadêmicos sobre Silvina, aponta a autora, mas não tantos a partir de um perfil mais acessível, e eu tinha vontade de fazer algo nesse sentido" (Zunini, 2014, p. 1). É claro que não é uma biografia acadêmica. Ainda assim, como apontei antes, os críticos são uma referência constante nos momentos dedicados à obra. Enriquez os lê, os entrevista e os cita repetidas vezes; diríamos que ela deixa a perspectiva da obra em suas mãos. Inclusive, nas ocasiões nas quais é consultada sobre possíveis afinidades entre sua literatura e a de Ocampo é cautelosa ao opinar sobre ela e descarta qualquer procedência deliberada. "Suponho que haja uma semelhança familiar entre nós. Se tenho que dizer conscientemente de onde saíram minhas crianças e adolescentes, digo sem duvidar: de Stephen King... Mas talvez por genética rio-platense sejam também de Silvina Ocampo. Ou um híbrido anfíbio" (Azancot, 2018, p. 1). A filiação direta de sua literatura com a de Ocampo a incomoda. Não é uma escritora que particularmente admira, não a relê com frequência, não a conhecia tanto antes de encarar a biografia. Aceitou escrevê-la, segundo conta, por fidelidade a uma remota lembrança infantil: a existência de um exemplar de *El pecado mortal,* a antologia do Centro Editor da América Latina, na biblioteca dos seus pais. Suas declarações são precisas e honestas nesse sentido. Por vezes, inclusive, sente a necessidade (muitas vezes desnecessária) de explicitar sua falta de formação em crítica literária. Um argumento mais a favor da posição cautelosa identificada por Fontana, que já havia advertido o peso que exerce sobre a autora o *dictum* da teoria literária que sanciona a leitura biográfica da literatura.

A distância, a exterioridade, que Enriquez mantém com a obra de Ocampo enfraquece a escrita biográfica. Suas habilidades e expectativas jornalísticas se mostram incompatíveis com a assustadora sofisticação, a extrema sutileza, dessas narrações. Parece que não sabe o que fazer com elas e não faz nada. Diria então que a cautela de Enriquez é, antes de tudo, sinal da suspeita, se não do reconhecimento de que falta em *La hermana menor* esse relato à parte entre obra e vida que Serra Bradford identificou como a tarefa fundamental do biógrafo escritor. Um relato que no tecido da literatura argentina encontra realizações magistrais nas obras de Jorge Luis Borges e César Aira, além de uma formulação exata na ideia do "mito pessoal do escritor", proposta por este último. A lenda, o mito simplesmente, escreve Aira, próximo daquela definição de fofoca de Cozarinsky, é a história que todos conhecem e que ninguém se cansa de ouvir de novo. Mas a ideia do "mito pessoal do artista" não se confunde com a do "mito simplesmente", ainda que se desprenda dela. Para Aira, os artistas encarnam uma forma particular do mito porque a máquina mitificadora não afeta o "mero escritor como sujeito biográfico, senão o complexo que forma sua vida e sua obra, sua fórmula, seu estilo". O que em outro lugar chamará de "procedimento". A noção de "procedimento", cujo mérito e utilidade de primeira ordem estaria em livrar a literatura da psicologia do sujeito, é o que impede que *a lenda do escritor* se sobreponha ao seu *mito pessoal*. E isto, explica Aira, porque:

> em um artista, a repetição inerente ao mito passa a outro nível e se manifesta como uma inovação constante. A invenção deixa de ser causa do inventado, onde se consumaria desaparecendo, para se transformar em um contínuo de invenção da invenção que é dali pra frente a vida do artista (1991, p. 49).

O mito pessoal do escritor é o relato da vida artística, ou melhor, o fazer-*se* artística a vida em relato. A impessoalidade, o motor do contínuo. Convém reler o longo rodeio em torno da palavra "sujeito" que Aira incrusta no coração de seu ensaio sobre Alejandra Pizarnik (1998, p. 59-63), um autêntico meteorito contra as convenções do gênero biográfico no ensaio sobre a autora a quem dedicará uma biografia para advertir que a ideia de mito pessoal realiza a destituição do sujeito e afirma, em lugar disso, a sobrevivência da vida na arte. Trata-se da transmutação da vida (subjetiva) em vida (impessoal) — "o devir da vida em vida", "a vida que se transforma em vida", nas palavras de Aira — por obra do contínuo de invenção da invenção que a escrita inaugura. Para o mito pessoal do escritor conta *sua* escrita, por isso é sempre um mito de origem: o relato de como ele se torna escritor todas as vezes que escreve e não a ficção autobiográfica de como veio a ser escritor. A lenda, ao invés disso, como a fofoca, é contada e repetida pelos outros, inclusive quando, em algumas ocasiões, é o próprio autor quem a cria e propaga. Na obra, o escritor revive ao longo de sua vida a origem: o momento de invenção do novo; a vida do escritor, e também a da obra, dependem desse mito de origem. Ser escritor é "uma crença em suspenso". A ideia do mito pessoal desbiografiza a lenda do escritor e faz do mito de origem da escrita o coração opaco da empresa biográfica. Só a partir dessa subversão o mistério da vida do artista mostra-se suficientemente magnético, por indecifrável, e a obra se torna parte indivisível, e necessária, deste.

Referências

AAVV. Silvina Ocampo. In: *Encuesta de la literatura argentina contemporánea.* Capítulo 143. Buenos Aires: Centro Editor de América Latina, 1982.

AIRA, César. *Copi.* Rosario: Beatriz Viterbo Editora, 1991.

AIRA, César. *Alejandra Pizarnik.* Rosario: Beatriz Viterbo Editora, 1998.

AIRA, César. *Alejandra Pizarnik (1936-1972).* Barcelona: Ediciones Omega, 2001.

AZANCOT, Nuria. Mariana Enriquez: Silvina Ocampo quería ser secreta, mantener el misterio. *El Cultural.es,* 2018. Disponível em: https://journals.openedition.org/lirico/pdf/10801. Acesso em: 16 dez. 2020.

BARTHES, Roland. De la obra al texto. In: *El susurro del lenguaje.* Trad. C. Fernández Medrano. Barcelona: Paidós, 1987.

BECCACECE, Hugo. Silvina Ocampo. In: *La pereza del príncipe.* Buenos Aires: Editorial Sudamericana, 1994.

BECCACECE, Hugo. Los Bioy. La guardiana de los secretos. *La Nación,* Suplemento Cultura, 2002, Web. Acesso em: 16 dez. 2020.

BORDELOIS, Ivonne. *Correspondencia Pizarnik.* Buenos Aires: Seix Barral, 1998.

CAPDEVILA, Analía. El mito personal del escritor: César Aira y Alejandra Pizarnik. In: Nora Avaro, Julia Musitano y Judith Podlubne (eds.). *Un arte vulnerable*: la biografía como forma. Rosario: Nube Negra, 2018.

COZARINSKY, Edgardo. El relato indefendible. In: *Museo del chisme.* Buenos Aires: Emecé Editores, 2005.

ENRIQUEZ, Mariana. *La hermana menor*: un retrato de Silvina Ocampo. Colección Vidas Ajenas. Santiago de Chile: Universidad Diego Portales, 2014.

FONTANA, Patricio. La biógrafa cautelosa: Mariana Enriquez retrata a Silvina Ocampo. In: Nora Avaro, Julia Musitano y Judith Podlubne (eds.). *Un arte vulnerable*: la biografía como forma. Rosario: Nube Negra, 2018.

GUERRIERO, Leila. Prólogo. In: *Los malditos*. Santiago de Chile: Universidad Diego Portales, 2011.

GUERRIERO, Leila. La imprescindible invisibilidad del ser, o la lección de Homero. In: *Zona de obras*. Madrid: Círculo de Tiza, 2014.

HOLROYD, Michael. ¿Qué justifica la biografía?. In: *Cómo se escribe una vida*: ensayos sobre biografías, autobiografías y otras aficiones literarias. Trad. Laura Wittner. Buenos Aires: La Bestia Equilátera, 2011, p. 39-52.

LEZCANO, Walter. De Silvina Ocampo a Osvaldo Lamborghini: las mejores biografías de escritores. *La Nación*, Suplemento Ideas, 3 ago. 2016, Web. Acesso em: 16 dez. 2020.

PANESI, Jorge. Bioy Casares: el amor del estanciero. In: *Críticas*. Buenos Aires: Norma Editorial, 2000, p. 263-268.

PEETERS, Benoît. *Tres años con Derrida*: los cuadernos de un biógrafo. Trad. Vicenç Tuset. Buenos Aires: Ubú Ediciones, 2020.

RUIZ GUIÑAZÚ, Magdalena. Las Ocampo. In: *Secretos de familia*. Buenos Aires: Sudamericana, 2010.

SÁNCHEZ, Matilde. Prólogo. In: *Las reglas del secreto*. Buenos Aires: Fondo de Cultura Económica, 1991.

SERRA BRADFORD, Matías. La perfección de la vida. Una visita a Michael Holroyd. In: HOLROYD, Michael. *Cómo se escribe una vida*: ensayos sobre biografías, autobiografías y otras aficiones literarias. Trad. Laura Wittner. Buenos Aires: La Bestia Equilátera, 2011, p. 9-21.

TOUTONIAN, Lala. Silvina tenía a todos fascinados. Entrevista con Mariana Enriquez, *Blog Eterna Cadencia*, 14 ago. 2018, Web. Acesso em: 16 dez. 2020.

ULLA, Noemí. *Encuentros con Silvina Ocampo*. Buenos Aires: Editorial Belgrano, 1982.

VÁZQUEZ, María Esther. Posadas 1650: Silvina Ocampo y Adolfo Bioy Casares: con el número dos nace la pena. In: *La memoria de los días*: mis amigos, los escritores. Buenos Aires: Emecé Editores, 2004, p. 73-150.

ZUNINI, Patricio. Silvina en la bruma: Mariana Enriquez habla de *La hermana menor: un retrato de Silvina Ocampo*. *Blog Eterna Cadencia*, 4 jul. 2014, Web. Acesso em: 16 dez. 2020.

A bricolagem monstruosa em Borges, Wilcock e Aira

Kelvin Falcão Klein (Unirio)[1]

Em 1913, Benedetto Croce publica seu *Breviario di estetica*, obra breve mas decisiva em seu abandono de uma perspectiva positivista da estética. Croce inicia com essa obra um percurso de equilíbrio tenso (que vai se estender por toda sua produção da maturidade, até sua morte, em 1952) entre o viés kantiano da arte como síntese lírica e o viés programático de uma recusa da sentimentalidade. O esforço de equilíbrio da parte de Croce é evidente nas muitas fórmulas cunhadas ao longo do *Breviário*: "O sentimento sem a imagem é cego e a imagem sem o sentimento é vazia" (1982, p. 41). Ernesto Paolozzi indica acertadamente que se manifesta na produção de Croce em suas últimas décadas uma postura clara contra "violentos irracionalismos", observados não só na cultura italiana, mas na paisagem europeia como um todo, "que encontraram nos totalitarismos seu trágico epílogo político" (2002, p. 24). Paolozzi, contudo, falha ao não apontar a limitação da teoria estética de Croce, ou seja, o estabelecimento de uma fronteira entre arte e não arte que deriva de uma mecânica unilateral dependente da "intuição" e da "expressão", sem abertura para uma arte feita a partir da coleta e da montagem, por exemplo.

Um deslocamento em direção à América Latina mostra que tal abertura já se anunciava desde o século XIX, especialmente por conta do confronto da experiência autóctone com os discursos "etnográficos" e "científicos" dos viajantes europeus pelo território. Roberto González Echevarría, em seu livro *Myth and archive: a theory of Latin American narrative*, de 1990, consolida uma espécie de consenso crítico e indica o *Facundo*, de Domingo Faustino Sarmiento, como um dos pontos de fundação do discurso narrativo latino-americano. O ponto importante a ser retido da argumentação de Echevarría é a menção ao caráter "mutante" e "monstruoso" tanto do livro quanto do protagonista: para melhor apresentar as idiossincrasias e o destino

1. Agradeço ao professor Andrea Gialloreto, da Universidade de Chieti-Pescara, por tornar possível o acesso aos artigos de jornal de Wilcock aqui citados, inéditos em livro.

do caudilho Facundo Quiroga, Sarmiento teve de transformar a própria narrativa em algo "único e monstruoso", "produto de um tempo distinto" (2006, p. 124-125). Pouco adiante, Echevarría (2006, p. 128) se dedica a uma análise de *Os sertões*, de Euclides da Cunha, "monstruosa progressão" do livro de Sarmiento e ambos intertextualmente envolvidos com uma série de discursos disciplinares (geologia, paleontologia, criminalística, fisiognomia) que tiveram a América Latina como objeto (de Von Humboldt a Taunay). "Sarmiento e Euclides almejavam uma meta estética muito bem definida", resume Leopoldo Bernucci (1995, p. 48), "isto é, a de criar uma narrativa supostamente histórica que entrasse também para o campo da literatura".

A "meta estética" de Sarmiento e Euclides tem como pano de fundo (e estrutura prévia de possibilidade) a utilização da América Latina como plataforma de testes para o incipiente discurso antropológico europeu do século XIX. Seguindo o diagnóstico de James Clifford (1998, p. 149-150) em seu livro *A experiência etnográfica*, é possível dizer que as vanguardas do início do século XX intensificaram o atravessamento entre arte e etnografia, trazendo à superfície a noção de que "a realidade cultural era composta de códigos artificiais, identidades ideológicas e objetos suscetíveis de recombinações e justaposições inventivas". Especialmente a partir do período entreguerras, difunde-se um método de trabalho no qual "os cortes e suturas do processo de pesquisa são deixados à mostra", sem a intenção de resolver o conjunto "em uma representação homogênea" ou a partir de "um discurso explanatório contínuo"; em suma, "uma montagem contendo outras vozes além da do etnógrafo", nas palavras de Clifford (1998, p. 168).

Embora Clifford seja claro ao dizer que esse paradigma de contato estreito entre arte e etnografia se estendeu por todo o século XX, é preciso salientar que, no caso da América Latina — e levando em consideração a aproximação entre Sarmiento e Euclides feita por Echevarría —, o método de "cortes e suturas" à mostra já se observa, em *Facundo*, cuja primeira edição é de 1845. A situação da literatura latino-americana no século XX, portanto, tendo em vista o percurso assinalado, é mais condizente com uma intensificação de certos processos, distante de uma "descoberta" de "justaposições inventivas" (como é o caso do surrealismo europeu na exposição de Clifford). Nas próximas páginas mostrarei como essa dinâmica (tanto de intensificação quanto de intervenção minimalista) pode ser observada em certas narrativas de Jorge Luis Borges, Juan Rodolfo Wilcock e César Aira (cuja poética funciona como elo entre os séculos XX e XXI).

Jorge Luis Borges

Em 29 de janeiro de 1954, Jorge Luis Borges e Margarita Guerrero assinam o prólogo do *Manual de zoologia fantástica.* Começam com a visita de uma criança ao zoológico, cena inaugural da fascinação que compartilhamos por tudo que não é humano e também um verdadeiro rito de passagem. Do "jardim zoológico da realidade" se passa ao "jardim zoológico das mitologias", alimentado pela imaginação e pelas bibliotecas. Borges e Guerrero (1984, p. 8) afirmam que a "população do segundo jardim deve exceder a do primeiro, já que um monstro não é outra coisa que uma combinação de elementos de seres reais e as possibilidades da arte combinatória beiram o infinito". O *Manual* é, portanto, construído em torno dessas possibilidades da arte combinatória, oferecendo verbetes acerca das mais variadas criaturas, do basilisco ao asno de três patas, passando pela ave fênix, pela lebre lunar e pelo monstro aqueronte. Um único limite é estabelecido nesse exercício estético de combinação: "excluímos deliberadamente deste manual as lendas sobre transformações do ser humano: o lobisomem, o *werewolf*, etc.", escrevem Borges e Guerrero (1984, p. 8). Em setembro de 1967, quando o *Manual* se transforma em *O livro dos seres imaginários,* a frase sobre a exclusão é eliminada, e o prólogo, reformulado: "Um livro dessa índole é necessariamente incompleto; cada nova edição é o núcleo de edições futuras, que podem multiplicar-se ao infinito" (Borges; Guerrero, 2007, p. 9).

Silviano Santiago organiza sua crítica ao *Manual* de Borges e Guerrero a partir da frase sobre a exclusão, identificando aí a "ameaça do lobisomem" e performando "uma arqueologia dessa figura híbrida, demoníaca, transnacional, tocada pela ideia de transformação e impureza e que é, no fundo, uma metáfora da própria literatura e da crítica tal como Santiago as concebe" (Mello, 2014, p. 50). Santiago inicia sua argumentação relembrando a célebre leitura que faz Michel Foucault de Borges em *As palavras e as coisas,* na qual fala da "monstruosidade" que o autor argentino "faz circular na sua enumeração" absurda do conto "O idioma analítico de John Wilkins". A figura de Borges serve a Foucault como um ponto de referência distante no espaço, que ao mesmo tempo questiona e reorganiza a tradição europeia: "a leitura do texto de Borges feita por Michel Foucault, aparentemente original, duplica tanto antigas leituras europeias das culturas colonizadas, quanto modernas leituras latino-americanas das culturas colonialistas" (Santiago, 1998, p. 34). A crítica de Santiago a Foucault é análoga àquela apontada anteriormente a partir do confronto entre Clifford e Echevarría: a dinâmica tensa mas estanque operada entre o Mesmo e o Outro não se sustenta no contexto latino-americano, no qual a violência colonial fundadora instaura a monstruosidade dos registros.

Partindo da insuficiência hermenêutica de Foucault, Silviano Santiago chega à "exclusão" que se opera no interior do texto de Borges e Guerrero, a "ameaça do lobisomem", o detalhe que precisa ser exorcizado e que estabelece tanto o limite do *Manual* quanto sua potencialidade de gerar outras narrativas. Na leitura de Santiago (1998, p. 38), o *Manual* se baseia no procedimento do "desdobramento", enquanto o lobisomem (e toda monstruosidade que leva em consideração a figura humana) pressupõe a "transformação", ou seja, "a figura que traduz o puro movimento sem direção fixa", "movimento do devir outro". A enumeração, no *Manual,* dos vários casos presentes no "jardim zoológico das mitologias" (o dragão, o grifo, o odradek) surge como o efeito de superfície de um recalcamento da "transformação", gesto que sustenta a obra de Borges e assegura sua canonicidade e circulação global. A exclusão da transformação que abre o *Manual* também estabelece um método sub-reptício de leitura da obra de Borges e de seu legado, dentro do qual "o movimento do ser humano em direção ao seu outro precisa ser exorcizado literária e deliberadamente", escreve Santiago (1998, p. 39), mencionando ainda a necessidade de "desconstruir a ordem conceitual borgeana, vale dizer, o repouso atual de seu texto em estátua pública" (p. 42). A reivindicação de uma monstruosidade da transformação, portanto, é tanto um esforço de disseminação de identidades quanto a recusa de certo puritanismo estético que funciona como patrulha de fronteiras entre tempos, espaços e discursos.

Em ensaio sobre o estatuto da crítica genética na contemporaneidade, Raúl Antelo comenta a "ameaça do lobisomem" levantada por Santiago, posicionando-a na obra de Borges como uma espécie de efeito de leitura, de procedimento de retardamento da origem de uma narrativa, de seu "umbigo textual" (marca de fundação e, ao mesmo tempo, recusa da fundação). Antelo, fazendo uso de *Borges, libros y lecturas,* de Laura Rosato e Germán Álvarez (trabalho monumental de localização e transcrição das anotações de Borges em mais de 800 volumes), acrescenta um elemento a esse panorama da monstruosidade em Borges, o que mostra a instabilidade e insuficiência de todo desenho interpretativo. Lendo a *Historia de los heterodoxos españoles,* de Marcelino Menéndez y Pelayo, cuja edição argentina é de 1945 (anterior, portanto, ao *Manual*), Borges destaca uma passagem sobre a licantropia, que é precisamente a metamorfose do homem em lobo. Na margem, Borges associa essa passagem a um trecho de *Os sertões*, "em que Euclides da Cunha, mesmo evolutivamente, não deixa de reconhecer o caráter mestiço do sagrado para o jagunço" (Antelo, 2013, p. 173). Na passagem evocada por Borges em seu exemplar do livro de Menéndez y Pelayo (e que Antelo, em seu ensaio, transcreve na íntegra), Euclides fala de "sacis diabólicos", "lobisomens" e "mulas-sem-cabeça", além de "aparições fantásticas" e das "tentações do maldito ou do diabo" (entidade que também evoca Silviano Santiago em seu texto, remetendo a Guimarães Rosa).

Ainda que tenha recusado o lobisomem alguns anos depois, no prólogo do *Manual*, a figura já faz parte do campo imaginativo de Borges, atravessada em suas leituras e, retrospectivamente, lançando luzes também à formulação de Echeverría acerca da indissociável ligação entre *Facundo* e *Os sertões*. A interdição enunciada no *Manual* pode ser observada, portanto, diante de um contexto mais amplo e a partir de uma cartografia mais nuançada não só da escrita de Borges, mas também de sua leitura (e das leituras que gerará no futuro). Antelo (2013, p. 173) aponta que Euclides escreve "um tratado sobre loucura e sociedade", definindo o sertanejo como alguém "insulado no país", fórmula adotada por Borges em *El tamaño de mi esperanza* (segundo livro de ensaios de Borges, de 1926), quando escreve "terra de desterrados natos é esta, de nostálgicos do distante e do alheio" (não fica claro, contudo, como se deu o contato de Borges com *Os sertões* na década de 1920 e se a "adoção" da fórmula de Euclides ocorreu via intertextualidade direta e deliberada ou se é aqui apontada por Antelo como uma metáfora crítica). "As emendas e notas de leitura ao Pierre Menard nos persuadem, portanto", continua Antelo (fazendo referência a comentários anteriores sobre as duas versões do conto "Pierre Menard, autor do *Quixote*"), "como diria Silviano Santiago, de que a pureza coagula o monstro, tese recorrentemente reiterada pelo positivismo filológico", compartilhado por Menéndez y Pelayo e pelo Croce que evoquei no início. "Monstro", segundo Benveniste, "deriva de *monstrare* e o verbo latino significa não exatamente exibir um objeto, mas prescrever uma conduta", não apontando, portanto, "em direção a um aspecto, mas a um gesto, uma ação, um movimento. O monstro não é forma, mas força", e da dimensão dessa força decorre "a tese da ambivalência, descortinada pelo umbigo do texto", que "tende a liquefazer estereótipos, descongelar a história e ativar a criação". Borges nos diz, conclui Antelo (2013, p. 174), "que o tempo (o texto) não só comporta um infinito porvir, mas também um infinito passado", ambos em permanente confronto e retorno na crítica e na criação literária.

Juan Rodolfo Wilcock

Juan Rodolfo Wilcock, de certa forma, leva na própria trajetória pessoal um pouco dessa "ameaça do lobisomem" e da "metamorfose": nascido na Argentina em 1919 e tendo publicado vários volumes de poesia (e alguns contos) em espanhol de 1940 a 1953, Wilcock se estabelece na Itália a partir de 1957 e logo começa a publicar contos, artigos, ensaios, poemas e romances em italiano. O período italiano de Wilcock — que dura até sua morte, em 1978, em Lubriano — é intensamente assombrado por seu período argentino, especialmente por conta de seu trabalho de "autotradução" de uma língua a outra, mas sempre tomando "toda língua (inclusive o espanhol) como estrangeira" (Bourbotte, 2018, p. 67). Wilcock publica com regularidade na revista *Sur* a partir da década de 1940, muito por conta de sua proximidade com Borges, Adolfo Bioy Casares e Silvina Ocampo (eles incluem um de seus contos, "Os donguis", na *Antologia da literatura fantástica* que organizam e publicam em 1940).

Comentando a relação textual estabelecida por Wilcock com a obra de Borges, Alberto Giordano e Judith Podlubne (2000, p. 389-390) argumentam que "seu abandono do espanhol" cumpriu "radicalmente o projeto borgeano de tomar como tradição toda a cultura ocidental", permitindo a Wilcock "manejar com 'irreverência' e 'sem superstição' todos os temas europeus", mantendo a "centralidade da figura borgeana" sem impedir sua leitura e seu uso crítico. Do lado italiano, contudo, como aponta Andrea Gialloreto (2013, p. 18-19), o intenso "experimentalismo" da produção de Wilcock não só diminuiu seu "grau de integração" ao contexto literário italiano, como abertamente contestou e desequilibrou o referido contexto. Não por acaso uma das principais fontes de sustento de Wilcock foi a prática da tradução, algo que assegurou seu contato sistemático ao longo dos anos com textos literários das mais diversas proveniências — uma vez que ele traduzia do inglês, do espanhol, do francês e do alemão (Klein, 2018, p. 33-40). Com todos esses elementos de sustentação, a partir de 1972, com a publicação de dois livros (*Lo stereoscopio dei solitari* e *La sinagoga degli iconoclasti*), Wilcock consolida um percurso como narrador comprometido com uma estética da metamorfose e da ambivalência, aprimorado com dois romances em 1973 (*Il tempio etrusco* e *I due allegri indiani*) e arrematado com sua última publicação, de 1978, *Il libro dei mostri*.

Em seu "livro dos monstros", Wilcock deixa indiscutivelmente para trás a "ameaça do lobisomem" e constrói uma galeria de personagens na qual o monstro não é apenas forma, mas também força ambivalente, expondo de modo narrativo a dimensão de ação e movimento que a etimologia de *monstrare* carrega consigo. Fazem parte da galeria o geômetra Elio Torpo, transformado em um vulcão de forma cônica que entra em erupção de quando em quando; o agrimensor Bene Nio, que perde aos poucos seus órgãos e membros; Gaio Forcelio, com tentáculos sobre a cabeça e um corpo transformado em ostra; Graziella Link, transformada em uma imensa fonte de calor; o carteiro Frenio Guiscardi, transformado em uma massa esférica de pelos e lã; Erbo Meglio, cujo corpo é formado por raízes retorcidas e pedaços cortados de madeira; o mecânico Fizio Milo, transformado em uma fosforescência difusa que se desloca para um dos ângulos de sua oficina; Vinizio Stadera, cujo corpo é composto por dois corpos espelhados, unidos pelo ventre; Mesto Copio, cujo corpo é tão achatado que ele é, por vezes, confundido com uma folha de papel; Angolo Spes, o anão dos anões, cujo corpo — que mal chega aos 30 centímetros — parece por vezes um tamanco, por vezes a pata de um animal de grande porte; e assim por diante, página após página, até completar a galeria de 62 personagens de *O livro dos monstros*.

A compreensão do desenvolvimento desses vários "monstros" não se dá apenas no nível do fantástico, do grotesco ou do estranho; por outro lado, não se dá também em um registro realista, naturalista ou mimético. O estilo de Wilcock, contudo, faz pensar no estilo dos dicionários e das enciclopédias, e suas cenas "monstruosas" são cuidadosamente compostas com objetos cotidianos, profissões corriqueiras e atividades reconhecíveis no "mundo normal". A monstruosidade de Wilcock opera na superfície dos relatos — nas formas absurdas e chocantes dos personagens — e também na delicada justaposição de discursos, estratégias narrativas e referências intertextuais. "O antecedente decisivo dos monstros de Wilcock", escreve Laddaga (2000, p. 152), "é uma figura inventada por Kafka [...] que Borges reteve no *Livro dos seres imaginários*: Odradek (descrito em um breve texto chamado 'Preocupações de um pai de família')". A dimensão do monstruoso na ficção de Wilcock, portanto, tem uma ligação intertextual direta com o Borges do *Livro dos seres imaginários* (que substitui o *Manual de zoologia fantástica*) e com o Kafka do "Odradek" (autor que Wilcock traduz para o espanhol, na década de 1950, antes de partir para a Itália).

Eher Sugarno, por exemplo, um dos "monstros", é descrito por Wilcock (2019, p. 80-81) como um "poeta muito válido, na linha de Eugenio Montale, mas mais moderno e mais variado na sua escolha de argumentos". O restante do verbete é dedicado a citar oito dos poemas de Sugarno e é encerrado com as palavras: "Sugarno se coça: tem o corpo todo coberto de parasitas [...] e seus três braços não bastam para coçar. Dizem que é justamente a coceira que o induz àquela busca da evasão que é a poesia" (2019, p. 84). O doutor Arrigo Ploz, por sua vez, é um célebre estudioso da metafísica que um dia começou a diminuir de tamanho até desaparecer: "ninguém mais o viu, mas o doutor Ploz não deixou de existir", escreve Wilcock (2019, p. 113), "seus alunos continuam a não estudar sob sua orientação, e a *Revista de Filosofia* continua a publicar seus artigos, talvez em páginas em branco". O campo discursivo da poesia — com sua tradição e nomes célebres — faz parte da monstruosidade de Sugarno, da mesma forma que o campo discursivo da filosofia e da metafísica — com seus periódicos e seu sistema de filiação acadêmica — faz parte da monstruosidade de Ploz. Ao mesmo tempo, como argumenta Gialloreto (2013, p. 74), os monstros de Wilcock são "típicos de uma dimensão de vida burguesa, amostras representativas da população italiana, indivíduos transformados em monstros quase que por descuido".

Gostaria de levantar a hipótese de que a estética monstruosa de Wilcock, esmiuçada e exemplificada nos últimos parágrafos, é pensada pelo autor a partir de um complexo diálogo com uma série de disciplinas e autores, de John Aubrey a Kafka e Borges, dos quais gostaria de destacar o antropólogo Claude Lévi-Strauss e sua noção de "bricolagem". Em ensaio sobre a "invenção de uma tradição literária *queer*" na América Latina, no qual aborda Wilcock em conjunto com uma série de outros autores (Barba Jacob, José Bianco, Elías Nandino), Daniel Balderston (2006, p. 138) chega a mencionar a *bricolage* como estratégia de reconfiguração da tradição, mas de forma superficial. Lévi-Strauss apresenta a noção de "bricolagem" (que é, por si só, o deslocamento de um termo da artesania para o campo das ciências humanas) em "A ciência do concreto", primeiro capítulo de seu livro de 1962, *O pensamento selvagem*. O *bricoleur* joga com os fragmentos que recolhe de uma multiplicidade de discursos, disciplinas e campos enunciativos. "A regra de seu jogo", segundo Lévi-Strauss (1989, p. 33), "é sempre arranjar-se com os 'meios-limites', isto é, um conjunto sempre finito de utensílios e de materiais bastante heteróclitos", uma vez que a configuração do trabalho da bricolagem não se pauta por um projeto prévio, "mas é o resultado contingente de todas as oportunidades que se apresentaram para renovar e enriquecer o estoque ou para mantê-lo com os resíduos de construções e destruições anteriores". A estética monstruosa de Wilcock se constitui a partir do esforço para "renovar e enriquecer o estoque" de uma tradição que, por não se fundar em fronteiras geográficas fixas, é constituída pelos "resíduos de construções e destruições anteriores", elemento que ganha repercussão peculiar tendo em vista o passado colonial da América Latina, outro importante ponto de referência para Wilcock.

Na vasta produção jornalística de Wilcock, gostaria de destacar alguns textos da década de 1960 — publicados em sua coluna fixa no jornal romano *La Voce Repubblicana,* intitulada "Os sinais do tempo" — que mostram sua progressiva aproximação da obra de Claude Lévi-Strauss. Sempre que o antropólogo francês aparece nos textos de Wilcock, está ligado a uma discussão sobre a migração dos discursos através do tempo e do espaço: na edição de 18-19 de agosto de 1966, Wilcock publica um texto sobre o problema da "trissecção do ângulo" na geometria, saltando do sexto século antes de Cristo até o ano de 1837, quando "uma revista matemática francesa publicou a primeira demonstração rigorosa, de P. L. Wantzel, da insolubilidade deste problema" (1966b, p. 3). Outros nomes se seguem, personagens envolvidos na polêmica da trissecção (Callahan, Kidjel, Lisenko), até os dois parágrafos finais do artigo, quando Wilcock (1966b, p. 3) amplia a perspectiva e fala que "trissecadores", "por analogia", "são todos aqueles que insistem na possibilidade de resolver aquilo que é irresolvível", seja na filosofia, "na sociologia, na psicanálise, na etnologia, na ética e na estética": Hegel e Marx foram "grandes trissecadores"; "Husserl e Heidegger, medianos"; "Sartre e Merleau-Ponty, pequenos"; sem esquecer o "elegante mistificador francês Claude Lévi-Strauss". É possível notar ainda que tanto a "revista acadêmica" quanto a discussão sobre o "ângulo" e a "geometria" são elementos que reaparecerão em *O livro dos monstros* (com Fizio Milo e Arrigo Ploz, mencionados anteriormente). A fórmula "resolver aquilo que é irresolvível", por fim, pode ser interpretada como uma definição do caráter interminável da bricolagem.

Na edição de 28-29 de outubro de 1966, Wilcock publica um texto sobre Alberto Arbasino, "o melhor crítico de teatro da Itália", e também ele um trissecador, responsável por uma obra múltipla que absorve discursos e ideias de todos os lados e de autores como "Spitzer, Leavis, Lukács,

Merleau-Ponty, Mauron, Goldmann, Saussure, Poulet, Lévi-Strauss" (1966a, p. 3). Na coluna de 6-7 de junho de 1968, Lévi-Strauss volta ao primeiro plano da argumentação de Wilcock, que abre o texto com um resumo da estrutura lógica e matemática organizada pelo antropólogo francês em sua teoria sobre o parentesco. Wilcock cita e comenta (sem dar a referência) extensamente um texto de Lévi-Strauss no qual defende a aproximação da matemática e das ciências humanas; Wilcock reforça que a via deve ser de mão dupla: "os especialistas das ciências sociais deverão possuir uma preparação matemática sólida e moderna", escreve Wilcock (1968, p. 4), mas sem esquecer as palavras de "Friedrich Weissmann em *Suchen und Finden in der Mathematik*: 'Nós, matemáticos, devemos nos deixar guiar por uma bússola sobretudo estética'". Wilcock amplia a noção de Lévi-Strauss de confluência entre os campos discursivos, frisando não apenas a necessidade da matemática no interior das ciências humanas, mas também a "bússola estética" no interior da matemática.

A bricolagem monstruosa de Wilcock, portanto, parte não apenas de Lévi-Strauss e da expansão proposta de uma "bússola estética" para a lógica e a matemática: leva em consideração de modo central a tensão entre a América Latina e a Europa, seja a partir de uma deriva da perspectiva borgeana, seja a partir da concepção do espaço pós-colonizado latino-americano como uma dimensão da mescla de discursos ou como um campo da metamorfose e da ambivalência. O deslocamento proposto por Wilcock diz respeito não apenas à passagem do espanhol ao italiano, mas a uma metamorfose do contexto italiano que carrega consigo a carga mestiça e intertextual da vivência latino-americana. *O livro dos monstros* de Wilcock, em suma, não é "monstruoso" apenas em sua dimensão temática, mas sobretudo por sua capacidade de condensar (e metamorfosear) esteticamente um longo percurso de confronto e atravessamento de discursos, disciplinas e posições geopolíticas.

César Aira

A obra de César Aira escapa do convencional mesmo em uma observação rápida e preliminar: chama atenção de imediato a quantidade de obras que publicou — contos, ensaios, romances, novelas — e sua proliferação em várias casas editoriais, das artesanais (Eloísa Cartonera) às multinacionais (Mondadori). A estética da bricolagem monstruosa, antecipada por

Sarmiento e Euclides da Cunha em suas observações acerca da singularidade latino-americana, é ressignificada ironicamente por Borges no *Manual de zoologia fantástica* e intensificada por Wilcock no *Livro dos monstros* e por sua própria passagem do espanhol ao italiano e da América Latina à Europa (a bricolagem monstruosa é também esse curto-circuito operado sobre a hierarquização compulsória dos espaços narrativos e geopolíticos). Aira amplifica esse processo de curto-circuito em toda sua poética, especialmente quando ressignifica a noção de bricolagem a partir da noção de "procedimento".

Em ensaio intitulado "A nova escritura", publicado originalmente em 1998 e republicado em 2000 no *Boletim do Grupo de Estudos de Teoria Literária* de Rosário, na Argentina, Aira (2007, p. 13) fala do "procedimento" como a principal ferramenta estética das vanguardas do início do século XX, vanguardas que "permanecem vigentes, carregando o século de mapas do tesouro que aguardam serem explorados": "construtivismo, escritura automática, *ready-made,* dodecafonismo, *cut-up,* acaso, indeterminação". Em resumo, a possibilidade de o literário se fazer a partir do não literário, operando com metamorfoses de materiais heteróclitos e resíduos de construções e destruições anteriores: "Os grandes artistas do século XX não são os que fizeram obra, mas aqueles que inventaram procedimentos para que a obra se fizesse sozinha, ou não se fizesse" (Aira, 2007, p. 13). Sandra Contreras (2002, p. 129) argumenta que essa heterogeneidade deliberada de recursos que Aira utiliza em sua poética, marcada tanto por uma fabulação exuberante quanto por uma cuidadosa leitura de referências externas à literatura, é sua forma de escapar do "literariamente correto", daquilo que é "previsível e valorizado de antemão" (é preciso mencionar que Contreras dá o título "O nascimento do monstro" a um dos capítulos de seu livro sobre Aira). Contreras (2002, p. 88-89) menciona ainda um artigo de Matilde Sánchez, publicado na década de 1990, no qual a dimensão de bricolagem do trabalho de Aira é salientada: a autora menciona diretamente "a técnica da bricolagem" e as ferramentas de "corte, colagem, montagem e superposição" usadas por Aira, que então parte para "esvaziá-las de suas funções prévias", inserindo "em um novo contexto" no qual o "esquecimento" funciona "como sintaxe do relato".

O aspecto monstruoso da enumeração, ensaiado por Borges na *História universal da infâmia* e aprofundado no *Manual de zoologia fantástica,* e que Wilcock ampliará com o tríptico composto por *O estereoscópio dos solitários,*

A sinagoga dos iconoclastas e *O livro dos monstros*, será radicalmente reconfigurado por Aira. De certa forma, é como se cada verbete composto por Borges ou Wilcock se transformasse, em Aira, em uma obra independente (algo comprovado na prática, com a comemoração das 100 obras em 2019). Como escreve Jorge Wolf (2014, p. 225), "cada relato de sua lavra parece ser uma reiteração da necessidade de inventar e de inventar-se como autor, cuja chave se encontra não na memória mas no esquecimento", ou ainda, na encenação de um esquecimento que reforça a potência na fabulação. Na recente novela *Fulgentius*, de 2020, o protagonista é um general romano que dá à luz; em *La cena*, de 2006, zumbis escapam de um cemitério e avançam sobre a cidade de Pringles; em *O batismo*, de 1991, um padre é chamado em uma noite de tormenta para batizar uma criança com feições monstruosas; *Embalse*, também de 1991, é um romance com galinhas mutantes e uma catástrofe nuclear; em *A prova*, de 1992, duas garotas punk, Mao e Lenin, atacam um supermercado, queimando e matando alguns dos clientes; *O congresso de literatura*, de 1997, tem biodispositivos portáteis de clonagem, utilizados por um vilão que deseja clonar o escritor Carlos Fuentes e criar um exército de poderosos intelectuais para dominar o mundo.

Em um verbete intitulado "Monstro", de 2006, Aira (2006, p. 337) escreve que "o monstro é único", "símbolo da extinção", "uma espécie constituída por um único indivíduo" que possui "essa melancolia do ser que se sabe condenado a uma extinção definitiva, mas que não é totalmente definitiva: a posteridade do monstro é sua lenda". Em ensaio anterior, de 1995, intitulado "A inovação", Aira já adiantava o tema, escrevendo que "devemos sair em busca do monstruoso, aquilo que nos aterra e repugna", porque "é multiforme, mutante, impossível, inconcebível" e, "se devemos buscá-lo, e persistir na busca", é porque "não o encontraremos nunca" (Aira, 1995, p. 30). Para Aira (assim como para Wilcock e Borges), o monstruoso, além de operar na superfície do relato e na fabulação exuberante da trama, é um modo de descrição da prática estética da bricolagem, que, em termos narrativos, indica a capacidade da literatura de renovar sua potência de metamorfose. E quando fala da "estética do monstruoso", em um ensaio sobre Roberto Arlt de 1993, Aira discute a tensão entre expressionismo e impressionismo, argumentando que "o artista está projetado no mundo, colorindo-o, deformando-o por sua mera presença, atuando como um reagente químico sobre as formas", instaurando uma relação que é da ordem do "transtorno" e concluindo que "a literatura é a épica desse transtorno" (2007, p. 46-47).

Em artigo de 2009, intitulado "Rir com o monstro (rir com Aira)", Ana Flores retoma o percurso de leitura de Michel Foucault diante da obra de Borges, exatamente como faz Silviano Santiago em "A ameaça do lobisomem". Flores (2009, p. 445) expande em direção à obra de Aira esse "riso" encontrado por Foucault em Borges, levantando a noção de um "efeito Aira" que problematiza "as perspectivas habituais que consistem em perguntar quem é o monstro, a quem uma cultura constrói como tal". Mais uma vez, se trata do monstruoso não apenas como configuração exótica da materialidade, mas como gesto de organização dos discursos, das narrativas e dos enunciados. O que está em jogo em Aira é a possibilidade de "jogar" com "mil possibilidades", estar em "disponibilidade permanente": "desestabilizar sem criar um novo paradigma; [...] colocando obstáculos para as crenças existentes, para que a eficácia esteja sob suspeita, com um deslocamento das peripécias" (Flores, 2009, p. 446). Retomando não só o artigo de Ana Flores, mas toda a produtiva discussão acerca do monstruoso na obra de Aira, Graciela Villanueva (2015, p. 164), em ensaio intitulado "Os monstros de César Aira", apresenta uma espécie de resumo esquemático da questão: os "personagens monstruosos representam uma das dimensões do monstro airiano", que se desdobra em "o monstro como personagem, o monstro como metáfora do artista, do leitor ou daquilo que uma comunidade compartilha e também o monstro como forma da ficção airiana".

Meu objetivo aqui não é apenas ampliar o escopo da discussão acerca do monstruoso em César Aira, mas apontar sua posição peculiar na triangulação crítica proposta com Borges e Wilcock (triangulação que ressignifica o passado e interfere, hoje, sobre o contemporâneo). Com a novela *Um episódio na vida do pintor viajante,* de 2000, Aira atualiza a articulação entre "mito" e "arquivo" proposta por Echevarría, além de retomar — ironicamente — o discurso etnográfico e sua "aplicação" ao contexto latino-americano, enfatizando essa disjunção intrínseca dos termos com o uso do monstruoso e da bricolagem (assim como fizeram Borges e Wilcock). O "pintor viajante" em questão é Johann Moritz Rugendas (1802-1858), autor da *Viagem pitoresca através do Brasil,* e o "episódio" relatado por Aira mostra Rugendas — viajando em algum ponto entre Mendoza e Buenos Aires — sendo atingido por dois raios em sequência, ficando gravemente ferido, com o rosto deformado e os nervos expostos. O olhar de Rugendas, um profissional da captura e cristalização do exótico para as audiências europeias, é transfigurado pela experiência latino-americana, pelo contato brutal com o "mito" da natureza intocada ("mito" que é explorado por Rugendas ao fazer uso do "arquivo" da história da arte, seus métodos e procedimentos). O corpo do pintor, por sua vez, se transforma em ponto de confluência das duas vivências — o Velho e o Novo mundo —, tornando-se "monstruoso" como resultado de um processo que está sempre em metamorfose.

O tom ensaístico dos primeiros parágrafos mostra que a novela de Aira inicia em chave de bricolagem: "O Ocidente teve poucos pintores viajantes realmente bons. O melhor daqueles que temos notícias e abundante documentação foi o grande Rugendas, que esteve duas vezes na Argentina" (2000, p. 7). O discurso direto informativo continua, apresentando a família Rugendas, um bisavô especialista em quadros de batalha, o fato de Darwin ser contemporâneo de Rugendas, sua filiação inicial à Expedição Langsdorff, seu catálogo incompleto com 3.353 itens, entre óleos, aquarelas e desenhos, sua condição de discípulo de Alexander von Humboldt e sua partida, "em fins de dezembro de 1837", do Chile em direção à Argentina, atravessando a cordilheira (2000, p. 14). Aira, ao longo de toda a novela, faz uso dos diários e das cartas de Rugendas, por vezes citando diretamente, bricolando o documental e o fabular. Rugendas viaja com outro pintor, Robert Krause, que foi quem salvou sua vida e cuidou de seus ferimentos após o "episódio" (Aira transforma uma queda de cavalo à noite na cena monstruosa dos raios e da deformação, que comentarei adiante). "Nessa época", continua Aira (2000, p. 21), "Rugendas havia iniciado a nova prática do esboço a óleo. [...] Somente cinquenta anos depois os impressionistas a exercerão de modo sistemático; em seu momento, o jovem artista alemão não tinha outros antecedentes que alguns excêntricos ingleses, com Turner como modelo".

Ao chegar em Mendoza, Rugendas se transforma e, com ele, o próprio registro estilístico da novela. A partir desse ponto (na geografia, no mapa), é prometido o acesso a um novo modo de contemplar a natureza e a paisagem: "Mendoza era a cabeceira das longas travessias em direção ao oriente, em direção à sonhada Buenos Aires, e isso lhe dava um caráter especial e único" (2000, p. 24). Outro ponto de fascínio para o pintor é a possibilidade de acompanhar um *malón*, ou seja, o ataque veloz e imprevisível dos índios às fazendas e comunidades da região, "mito" cuidadosamente cultivado da região (tema de um célebre quadro de Rugendas, de 1845). "Rugendas teria pago para pintar um", escreve Aira (2000, p. 25), e continua: "Todos os dias desse mês despertava com a secreta esperança de que fosse o dia". A expectativa do personagem Rugendas é armada ao redor dessa possibilidade do encontro com o outro radical indígena, e quando o *malón* de fato acontece e é observado, Aira deliberadamente salienta o distanciamento entre índios e brancos, descrevendo a situação do combate como uma cuidadosa manutenção da distância. É também esse temor do contato e do contágio que está em questão na reconfiguração de Rugendas como monstro latino-americano: a última cena da novela mostra o pintor como "eixo do que parecia um pesadelo em vigília, a realização daquilo que o *malón* mais havia temido em suas muitas manifestações no curso do tempo: o corpo a corpo" (2000, p. 91). Rugendas (deformado pelos raios, entorpecido pelo ópio que usa por conta das dores) faz aquilo que ninguém nunca fez, se aproximando dos índios ao redor da fogueira.

O centro da novela é ocupado pelo "episódio": "um raio cai em sua cabeça. Como uma estátua de níquel, homem e animal se acenderam de eletricidade. [...] O segundo raio o fulminou menos de quinze segundos depois do primeiro. Foi muito mais forte e teve efeitos mais devastadores" (2000, p. 37-38). O efeito do raio leva tempo para ser compreendido por Rugendas e por aqueles ao seu redor. Seu rosto "era uma massa tumefacta e ensanguentada", com "ossos expostos" e "pedaços de pele pendurados"; "o corpo é uma coisa estranha", completa Aira (2000, p. 41), "e quando o afeta um acidente no qual atuam forças não-humanas, nunca se sabe qual será o resultado". "Como se podia transmitir a frase 'sou um monstro'?", escreve Aira (2000, p. 51) acerca da correspondência que Rugendas produz depois do evento traumático. O resultado do episódio é incerto e segue assim até o final da narrativa, podendo ser qualificado como uma sorte de abandono — Aira deixa no ar a possibilidade de o raio ter afetado a obra de Rugendas como um todo, o que levaria a uma revisão do consenso crítico e estético construído até hoje. Caso aceitemos a hipótese, a experiência reconfigurou inteiramente a estética de Rugendas: com os nervos expostos, seu rosto sofre contínuos espasmos, ele já não enxerga da mesma forma e, consequentemente, toda sua técnica, sua abordagem da arte e da pintura se transformam (ele passa a usar um véu negro sobre o rosto, que esconde os tiques incontroláveis e filtra a luz e as imagens da paisagem).

O corpo de Rugendas carrega consigo o curto-circuito das referências culturais e das fronteiras geopolíticas, na medida em que ele agora é a corporificação do exótico e do pitoresco, sem deixar de ser o emissário do saber disciplinar europeu (a peculiar mescla germânica de ciência e arte do início do século XIX). Aquele que observava agora é observado: "As pessoas se reuniam para olhá-lo", escreve Aira (2000, p. 52), "e nesse meio semisselvagem [...] não se podia esperar muita discrição". Por fim, gostaria de destacar uma passagem na qual Aira enfatiza a monstruosidade de Rugendas pelo viés do movimento e, consequentemente, da metamorfose (permitindo, portanto, mais uma vez, a apreensão da monstruosidade como um procedimento estético, formal e narrativo). A família Godoy, que recebe Rugendas e Krause em sua casa, "não consegue se acostumar a ele": "a gente se acostuma com qualquer deformidade, mesmo a mais horrenda, mas quando se acrescenta um movimento incontrolável das feições, um movimento fluido e sem significado, o hábito resiste à instalação, compreensivelmente" (2000, p. 53).

O que Aira pode estar indicando nas entrelinhas dessa passagem? Rugendas parece operar como metáfora da arte inquieta em geral e, particularmente, da arte que se faz a partir da tensão entre o olhar europeu e o contexto latino-americano, entre o mito e o arquivo. Minha hipótese é de que Aira esteja comentando, indiretamente, sua própria poética, sua própria estética da bricolagem e seu próprio projeto de se manter permanentemente em movimento, testando discursos, técnicas, disciplinas e sua própria posição no cenário contemporâneo. Gostaria de estabelecer aqui a triangulação crítica entre Borges, Wilcock e Aira como um comentário acerca da possibilidade de pensar a literatura pelo viés de um "movimento incontrolável das feições", ou seja, como parte da dimensão estética da vida comunitária que recusa o hábito e as posições fixas. A reivindicação de uma estética da bricolagem monstruosa, portanto, é um esforço de leitura crítica de momentos específicos das obras dos autores mencionados. Além disso, envolve também a proposição de um método de montagem das referências, dentro do qual se enfatiza o arejamento das fronteiras entre tempos, espaços e discursos.

Referências

AIRA, César. La innovación. *Boletín del Centro de Estudios de Literatura Argentina*, Rosario, n. 4, p. 27-33, 1995.

AIRA, César. *Un episodio en la vida del pintor viajero*. Rosario: Beatriz Viterbo Editora, 2000.

AIRA, César. Monstruo. Diccionario inconcluso del narrador latino-americano actual. *Boletín de reseñas bibliográficas*, Buenos Aires, n. 9/10, p. 337, 2006.

AIRA, César. *Pequeno manual de procedimentos.* Trad. Eduard Marquardt. Org. Marco Maschio Chaga. Curitiba: Arte & Letras, 2007.

ANTELO, Raúl. Crítica genética: *non in tempore, sed cum tempore. Manuscrítica. Revista de Crítica Genética,* São Paulo, v. 2, n. 24, p. 162-175, 2013. Disponível em: http://www.revistas.fflch.usp.br/x2/article/view/1482/1315. Acesso em: 24 mar. 2021.

BALDERSTON, Daniel. Los caminos del afecto: la invención de una tradición literaria queer en América Latina. *Revista de Critica Literaria Latinoamericana.* Lima-Hanover, n. 63-64, p. 117-130, 2006. Disponível em: https://www.jstor.org/stable/25070327. Acesso em: 18 dez. 2020.

BERNUCCI, Leopoldo M. *A imitação dos sentidos*: prógonos, contemporâneos e epígonos de Euclides da Cunha. São Paulo: EdUSP, 1995.

BORGES, Jorge Luis; GUERRERO, Margarita. *Manual de zoología fantástica.* Ciudad de México: Fondo de Cultura Económica, 1984.

BORGES, Jorge Luis; GUERRERO, Margarita. *O livro dos seres imaginários.* Tradução de Heloísa Jahn. São Paulo: Companhia das Letras, 2007.

BOURBOTTE, Jeremías. La autotraducción de Juan Rodolfo Wilcock en *Poesie spagnole. Revista La colmena,* Toluca, n. 96, p. 65-77, 2018. Disponível em: https://lacolmena.uaemex.mx/article/view/7000 . Acesso em: 24 mar. 2021.

CLIFFORD, James. *A experiência etnográfica:* antropologia e literatura no século XX. Tradução de Patrícia Farias. Rio de Janeiro: Editora UFRJ, 1998.

CONTRERAS, Sandra. *Las vueltas de César Aira.* Rosario: Beatriz Viterbo Editora, 2002.

CROCE, Benedetto. *Breviario di estetica.* Roma: Laterza, 1982.

ECHEVARRÍA, Roberto González. *Myth and archive:* a theory of Latin American narrative. Nova York: Cambridge University Press, 2006.

FLORES, Ana B. Reír con el monstruo (Reír con Aira). *Revista Iberoamericana.* Pittsburgh, v. 75, n. 227, p. 445-458, 2009.

GIALLORETO, Andrea. *I cantieri dello sperimentalismo*: Wilcock, Manganelli, Gramigna e altro Novecento. Milão: Jaca Book, 2013.

GIORDANO, Alberto; PODLUBNE, Judith. Exilio y extraterritorialidad: Wilcock y Bianciotti. In: DUCRAROFF, Elsa (org.). *La narración gana la partida*: historia crítica de la literatura argentina (vol. 6). Noé Jitrik (dir.). Buenos Aires: Emecé, 2000, p. 381-403.

KLEIN, Kelvin Falcão. *Wilcock, ficção e arquivo.* Rio de Janeiro: Editora Papéis Selvagens, 2018.

LADDAGA, Reinaldo. *Literaturas indigentes y placeres bajos:* Felisberto Hernández, Virgilio Piñera, Juan Rodolfo Wilcock. Rosario: Beatriz Viterbo Editora, 2000.

LÉVI-STRAUSS, Claude. *O pensamento selvagem.* Trad. Tânia Pellegrini. Campinas: Papirus, 1989.

MELLO, Jefferson Agostini. Uma associação itinerante. *Estudos de Literatura Brasileira Contemporânea,* Brasília, n. 44, p. 37-63, dez. 2014. Disponível em: https://doi.org/10.1590/2316-4018442 . Acesso em: 24 mar. 2021.

MONTEQUIN, Ernesto. Nota al texto. In: WILCOCK, Juan Rodolfo. *El caos.* Buenos Aires: La Bestia Equilátera, 2018, p. 249-261.

PAOLOZZI, Ernesto. *L'estetica di Benedetto Croce.* Nápoles: Guida, 2002.

SANTIAGO, Silviano. A ameaça do lobisomem. *Revista Brasileira de Literatura Comparada,* Rio de Janeiro, v. 4, n. 4, p. 31-44, 1998. Disponível em: http://www.abralic.org.br/revista/index.php/revista/article/download/55/56 . Acesso em: 24 mar. 2020.

VILLANUEVA, Graciela. Los monstruos de César Aira. In: DOMÍNGUEZ, Nora et al. (ed.). *Figuras y saberes de lo monstruoso.* Buenos Aires: Editorial de la Facultad de Filosofía y Letras, Universidad de Buenos Aires, 2015, p. 163-178.

WILCOCK, Juan Rodolfo. Un ballo dopo il terrore. *La Voce Repubblicana,* Roma, p. 3, 28-29 de outubro de 1966a.

WILCOCK, Juan Rodolfo. Trisecatori dell'angolo. *La Voce Repubblicana,* Roma, p. 3, 18-19 de agosto de 1966b.

WILCOCK, Juan Rodolfo. La nuova matematica: arte del secolo. *La Voce Repubblicana,* Roma, p. 4, 6-7 de junho de 1968.

WILCOCK, Juan Rodolfo. *Il libro dei mostri.* Milão: Adelphi, 2019.

WOLFF, Jorge. Auto-grafia: pensador airado. Florianópolis, *Revista Landa (Revista do Núcleo Onetti de Estudos Literários Latino-Americanos, Universidade Federal de Santa Catarina),* v. 2, n. 2, p. 217-227, 2014. Disponível em: https://repositorio.ufsc.br/xmlui/handle/123456789/176219. Acesso em: 24 mar. 2021.

Os discursos críticos: anacronismo, contemporaneidade e diferença

Max Hidalgo Nácher (Universitat de Barcelona)
Tradução de Carolina Machado
Revisão técnica de Claudia Dias Sampaio

Josefina Ludmer respondeu a uma pesquisa de 1973: "A escrita de Puig se destaca, isolada, em meio à mediocridade, ao anacronismo e, paradoxalmente, à 'atualização' dos grandes nomes; nos últimos meses surgiram, porém, uma série de textos que apresentam problemas básicos à crítica, pois não há, no mercado, um espaço concreto que possa lê-los" (p. 13). Ali Ludmer confirmou a não contemporaneidade da crítica e da literatura argentina de 1973, aprofundando um movimento de transformação que havia começado de modo geral em 1969 com a criação da revista *Los libros* (1969-1976) e que, por sua vez, se conectava com aventuras anteriores, como a da revista de Rosario, Argentina, *Setecientosmonos* (1964-1967), em que foram publicados, junto a traduções de Sartre, Merleau-Ponty e Barthes, textos de Nicolás Rosa, María Teresa Gramuglio, a própria Ludmer e Adolfo Prieto. O projeto de *Los libros* parecia levar em conta o que o próprio Prieto dizia em seu prólogo à *Encuesta: la crítica literaria en la Argentina* (1963) referindo-se, entre outros, ao "efeito pernicioso que ocasionava à crítica a inexistência de revistas literárias de grande circulação e vida duradoura" (p. 7). *Los libros* — que circulou amplamente, mas que viu truncada sua permanência por conta da ditadura militar e do terror de Estado — começava propondo preencher um vazio figurado na terceira página da própria revista, na distância entre o título e o texto, para promover "a criação de um espaço" (LOS LIBROS, 1969, p. 3). Um espaço que, contra a crítica acadêmica imperante depois da intervenção das universidades e da demissão geral do professorado em 1966, em decorrência da Noche de los Bastones Largos, se reivindicava como material e materialista ao afirmar que "*LOS LIBROS* NÃO É UMA REVISTA

LITERÁRIA [...]. A REVISTA FALA DO LIVRO, E A CRÍTICA QUE SE PROPÕE ESTÁ DESTINADA A DESSACRALIZÁ-LO, A DESTRUIR SUA IMAGEM DE VERDADE REVELADA, DE PERFEIÇÃO A-HISTÓRICA" (p. 3, em caixa-alta no original).

Quatro anos depois desse texto, no momento em que se produzia uma cisão na revista da qual sairia *Literal* (1973-1977) — outra revista liquidada pela ditadura que abria seu último volume com uma citação: "Qui de uno dicit, de altero negat", que se referia a uma impossibilidade de dizer bem determinada —, Ludmer aludia nessa mesma pesquisa à obra de Luis Gusman, Darío Cantón, Leónidas Lamborghini e Ricardo Zelarayán para argumentar que "a crítica argentina oficial, a crítica dos meios, a crítica burguesa e universitária [...] não podem abordá-los" (1973, p. 13). Ao mesmo tempo, enviava sua resposta à pesquisa de *Los libros* de setembro de 1972 (nº 28), publicada pouco antes que, no número seguinte, Héctor Schmucler, fundador da revista, abandonasse o Conselho Administrativo, que passaria a ser integrado por Beatriz Sarlo, Ricardo Piglia e Carlos Altamirano, e que Germán García fizesse o mesmo para fundar *Literal*. Não podiam lê-los, ficou entendido, porque a escrita literária desses autores participava de um espaço heterogêneo ao da crítica oficial: "É evidente que a crítica oficial não pode ler e que, portanto, nega a escrita, porque se fundamenta teoricamente, às vezes sem saber (com esse tipo de desconhecimento semelhante ao de Édipo), no idealismo" (Ludmer, 1972, p. 13).

Ali Ludmer indicava justamente que o problema não era de tempo, senão de espaço. A crítica argentina denunciava que *La mesa: tratado poeti-lógico* (1972) de Cantón não pôde ser lido — precisamente porque na leitura foi subtraída a própria *mesa de montagem* a que se referiu Raúl Antelo (2015), aquele espaço em que a leitura do díspar torna-se possível como disparate, um espaço fraturado e sem fundamento que nos extravia do monologismo universalista dos idealismos a que se refere Ludmer.

Com um texto, dois: no entrelugar

Um ano depois do encerramento de *Los libros,* em plena ditadura militar e dando seminários em sua casa, participando do que conhecemos como "a universidade das catacumbas", Ludmer publicava *Onetti: los procesos de construcción del relato* (1977), um texto reeditado em 2009 pela Eterna Cadencia.

No segundo ponto da introdução de 1977 a esse livro, aparece toda uma série de reflexões teóricas que remetem ao estatuto do texto literário. Entre elas se fala da "ambivalência" e se diz que "o enunciado duplo é a unidade mínima do discurso literário" (2009, p. 18), sem referir-se em nenhum momento à mais que provável "fonte": "Le mot, le dialogue et le roman" de Julia Kristeva, que ao mesmo tempo apresentava Bakhtin — origem da origem — ao público francês, escrito em 1966, publicado como "Bakhtine, le mot, le dialogue et le roman" em *Critique* (XXIII, nº 239) em abril de 1967 e republicado em 1969 em *Semeiotiké* — texto que, cabe indicar, só seria publicado na Espanha em 1978, na coleção Espiral da editora Fundamentos, dirigida por Julián Ríos, com tradução de José Martín Arancibia.

Na Espanha, para citar outra amostra dessa obliteração da fonte, dessa rasura da origem, encontramos outro caso que se destaca e que até agora não vi referência em lugar algum apesar de se tratar de um texto estudado e mencionado em incontáveis ocasiões: o do prólogo que Castellet escreveu para a antologia dos *Novísimos* (1970), no qual, ao afirmar que os jovens "reivindicam um direito inalienável: o de viver em liberdade e sentimentalmente as contradições de seu tempo histórico, as quais podem fazer de um sarcasmo a condição de sua verdade" (2011, p. 32), traduzia ou reescrevia em sua prática literalmente, sem citá-lo, o fragmento final do prólogo de Roland Barthes a *Mythologies*, um texto de 1957 no qual se lê: "Je réclame de vivre pleinement la contradiction de mon temps, qui peut faire d'un sarcasme la condition da vérité" (1957, p. 676).

A referência velada no primeiro caso e a transcrição literal no segundo indicam algo: tanto para Ludmer quanto para Castellet, Kristeva e Barthes não eram interlocutores. Kristeva nunca visitou a Argentina, mas Barthes, sim, visitou a Espanha — sem muito sucesso (Pino Estivill, 2019, p. 322-323). Ao mesmo tempo, ambos os encontros indicam duas cronologias: Castellet citava em 1970 um texto de Barthes de 1957 que não seria traduzido para o espanhol, por Héctor Schmucler, até 1980 (México-Espanha, século XXI, 1980); Ludmer em 1977 se referia a um texto de Kristeva de 1966 publicado em uma revista em 1967 e em livro em 1969.[2]

....

2. Devo a Roberto Retamoso ter chamado minha atenção sobre esse fragmento em uma conferência que deu para estudantes do mestrado de Teoria da Literatura e Literatura Comparada em minha disciplina sobre "Revisões da teoria literária: a circulação da teoria literária na Espanha e Ibero-América" na Universitat de Barcelona (23 de outubro de 2019). Posteriormente foi publicada uma versão dessa conferência em *452ºF* (2021). Sobre a recepção de Kristeva na Argentina pela mediação de Nicolás Rosa, vale a pena consultar Retamoso (2007).

Uma leitura apressada dessas inscrições poderia nos levar a pensar em um "atraso" da crítica, o que só se torna possível à custa de desconhecer o funcionamento interno desses textos e discursos no campo crítico espanhol e argentino da época, omitindo, dessa maneira, suas singularidades. De fato, os debates sobre o contemporâneo que discorrem nesses termos projetam um discurso monológico e nivelador, um eixo linear e progressivo, que tende a omitir precisamente a dimensão teórica. De resto, Ludmer já fez com seu texto algo do que dizia nele ao argumentar que "a escrita é essa prática ativa de apropriação em uma pluralidade de línguas" (1977, p. 13).

Vale a pena indicar que no ano seguinte, em 1978, Silviano Santiago publicava no Brasil "O entre-lugar do discurso latino-americano", dentro de *Uma literatura nos trópicos*. Trata-se de um texto viajante de existência multilíngue, em que Santiago sustentaria uma crítica à ideia de origem, que Haroldo de Campos retomaria a partir de outros parâmetros no começo dos anos 1980 em "Da razão antropofágica: diálogo e diferença na cultura brasileira" (1981a). O texto de Santiago surgiu de uma conferência apresentada em francês em 1971 na Université de Montréal (Quebec), em um encontro na companhia de René Girard e Michel Foucault, a convite de Eugenio Donato, que lhe sugeriu outro título: "Naissance du sauvage, Anthropofagie Culturelle et la Littérature du Nouveau Monde" (Santiago, 2013, p. 30), e que publicaria em inglês em 1973 com o título "The Latin-American Litterature: the Space in-between". Seria o próprio Santiago a se referir anos depois, a propósito de Lévi-Strauss, a um modelo de pensamento que vai muito além da figura do antropólogo belga, ao reconhecer a lógica temporal — que é uma lógica da norma — que condena a cultura latino-americana a um cedo demais ou a um tarde demais condensada na imagem de uma adolescência eternamente decrépita (Santiago, 2006, p. 297). Uma relação entre o novo e o arcaico, entre o progresso e as ruínas, sintetizada num verso de Caetano Veloso, sem dúvida, de outra perspectiva, quando canta em "Fora da ordem": "aqui tudo parece que era ainda construção e já é ruína" (1991). Nesse sentido, é fundamental introduzir uma diferença (que bem pode ser ameríndia) ou uma dobra (que bem poderia ser barroca) se não se quiser reduzir a produção latino-americana a alguns modelos europeus que cumpririam a função de origem. Modelos que, aliás, não podem ser entendidos sem as operações de seleção e crítica que os modelam. Diferença que vai do poema "Elegy: going to bed", de John Donne, a "Elegia: indo para o leito", de Augusto de Campos (*o anticrítico*), e, por sua vez, desta para a versão cantada de Caetano Veloso, em que o início e o final do poema são suprimidos e em que, com a transcriação e a interpretação musical, os códigos de leitura entram em crise.

Não é possível ler essas séries unilateralmente, como às vezes faz o polo científico ou modernizador, em termos simplesmente de dívidas e de atrasos. Pensemos em Eliseo Verón mostrando, também em 1973, o atraso estrutural da teoria na Argentina e no Chile e indicando como uma prática de produção chegava nesses países como prática de consumo. Agora, perto dele, e além desse modelo monológico da ciência, cabe voltar a um prolífico Oscar Masotta, que afirmava dez anos antes, em um gesto característico de seu percurso, que em seus ensaios literários "tentava menos chegar a resultados objetivos satisfatórios, do que experimentar simplesmente as dificuldades — de formação e compreensão — que constituem a própria possibilidade de fazer crítica literária", relembrando assim não tanto suas conquistas quanto "as barreiras que não foram transpostas", barreiras que "são as de alguém que, sem poder sair de sua situação, fazia a experiência das limitações que são como pano de fundo comum à crítica tal como nós a realizamos" (Masotta, 1963, p. 67-68). Essas barreiras e dificuldades já não são as do atraso, mas — como podia acontecer com o próprio Barthes na França — o motor daquele que, atravessando existencialismo, estruturalismo e semiótica, chegaria a ser um agente fundamental na incorporação da psicanálise lacaniana não só na Argentina, como também em uma Espanha cujo tempo nacional recusava tanto as temporalidades dos exílios republicanos de 1939 que a excediam, acusando-os de anacrônicos, quanto os discursos e práticas do textualismo, a desconstrução e a psicanálise lacaniana, assim como aos exilados das ditaduras do Cone Sul que, nos anos 1970, os traziam com eles. Cabe destacar também que nessa pesquisa de 1963 tanto Masotta quanto Noé Jitrik reivindicavam Maurice Blanchot, um autor que, por muitos motivos que não cabe detalhar aqui, permitiria tramar uma rede em que o anacronismo apareceria não como enunciado desqualificativo, mas como força perturbadora. Nesse sentido, e além de uma política linear ou progressiva do tempo, Raúl Antelo, crítico argentino radicado no Brasil desde 1976, propôs "uma outra política do tempo: a do anacronismo. Ela implica, *ao mesmo tempo,* a inequívoca singularidade do evento e a ambivalente pluralidade da rede, na qual, através de uma constelação, esse acontecimento, finalmente, amarra-se no plano simbólico" (2007, p. 58).

Em 1964 Foucault pronunciava sua conferência "Linguagem y literatura", inédita durante muito tempo em francês, mas disponível desde 1996 em espanhol graças a uma edição traduzida por Isidro Herrera. Na primeira metade dos anos 1960, tanto Masotta quanto Foucault seriam contemporâneos de Blanchot nesse ponto em que a linguagem nos abre a um excesso ligado ao não saber. Assim, afirmava Foucault, voltando às relações entre tempo e espaço (onde o espaço remete aos descobrimentos do estruturalismo, mas também ao *espaço literário* de Blanchot):

> A linguagem é essencialmente o que "lê" o tempo [...]. O que agora está sendo descoberto, por várias maneiras, quase todas empíricas, é que a linguagem é espaço. Realmente, a linguagem é espaço e havia sido esquecida, muito mais porque a linguagem funciona no tempo. É a corrente falada que funciona para dizer o tempo. Mas a função da linguagem não é seu ser, e o ser da linguagem, precisamente, se sua função é ser tempo, é ser espaço (1964, p. 95-96).

Anacronismo e contemporaneidades

> *Il n'est pas de Présent, non — un présent n'existe pas... Faute que se déclare la Foule, faute — de tout. Mal informé celui qui se crierait son propre contemporain, désertant, usurpant, avec impudence égale, quand du passé cessa et que tarde un futur ou que les deux se remmêlent perplexement en vue de masquer l'écart*
> (Stéphane Mallarmé, *Divagations*)

As relações da crítica literária argentina e brasileira com a contemporaneidade tenderam a ser pensadas até o dia de hoje a partir de um pressuposto de base segundo o qual a circulação dos textos e das ideias se inscreveria em uma longa tradição de fontes e influências, de empréstimos e dívidas (Casanova), de dominação e dependência (Candido, Schwarz). Agora, no momento no qual reconhecemos que "os textos circulam sem seu contexto" (Bourdieu, 2002), vemos que circulam sem seus paradigmas críticos. O que é válido tanto geográfica e internacionalmente quanto em relação à circulação social dos textos (por exemplo, além de suas leituras disciplinares). Isso explicaria, por exemplo, como Sartre e Lévi-Strauss eram lidos conjuntamente, como contemporâneos, na Argentina por Nicolás Rosa e Oscar Masotta até

1968 (*Conciencia y significación*) ou 1969 (*Los libros*); também o fato de que o grupo *Comunicación* de Alberto Corazón, da Espanha, havia editado o formalismo e a semiótica no começo dos anos 1970, mas os havia lido e criticado a partir do marxismo; essas edições, por sua vez, viajaram rapidamente para a Argentina, onde eram lidas fora da universidade e nos grupos de estudo, geralmente passando por alto a crítica marxista desses textos contida nos prólogos. Tudo isso dá lugar a configurações locais específicas — como, na própria França, as primeiras leituras de Lévi-Strauss por Simone de Beauvoir, em *Les temps modernes* em 1949, como autor existencialista...

A contemporaneidade, dessa maneira, pode ter a ver, não apenas com "o meridiano de Greenwich" ao qual se referiu Casanova (o qual é em grande parte imaginário), nem a distância em relação a ela tem a ver com as "ideias fora de lugar" (Schwarz), senão com configurações locais e com aquilo que as excede. Na proposta de Agamben, a contemporaneidade estaria ligada à possibilidade de "uma relação singular com o próprio tempo, que adere, ao mesmo tempo que toma distância dele; mais precisamente, trata-se *dessa relação com o tempo que adere a ele através de uma defasagem e de um anacronismo*" (2011, p. 18-19). Desse modo, a pergunta pela contemporaneidade pode nos permitir pensar o *excesso* dos discursos críticos e historiográficos herdados.

Enquanto o filósofo italiano insiste na des-criação, no Brasil, Haroldo de Campos, com sua prática das antecipações, mostra em sua trajetória *como é produzida a contemporaneidade* a partir de uma posição de um cosmopolitismo brasileiro de vanguarda. Uma posição a que se referiu Nora Catelli ao apresentar os intelectuais latino-americanos como "esforçados cosmopolitas" — isto é, como "leitores naturalmente habituados a não justificar nacionalmente nossos duplos ou triplos usos literários e teóricos" e "habituados a pensar em dois ou três mundos ao mesmo tempo e a intervir no nosso, o específico, de nossas línguas e de suas hierarquias, atraindo até ele termos do outro, o universal" (2015, p. 34). Haroldo de Campos, em 16 de novembro de 1972, escrevia para Leyla Perrone-Moisés, dando forma a outro tempo e espaço que aquele de *Los libros* em 1972, mas com o qual não deixava de emaranhar-se:

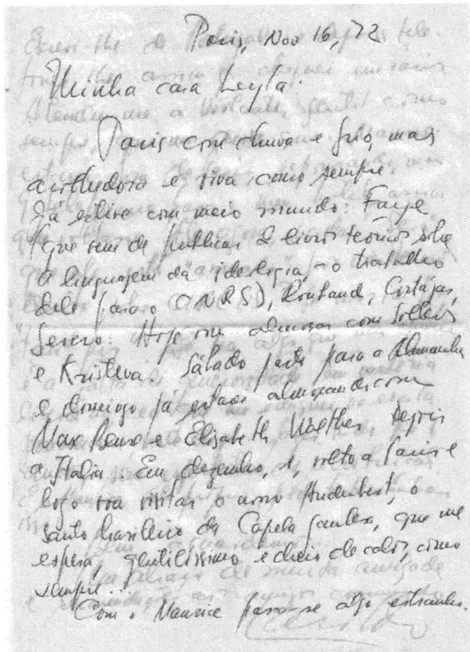

Paris, Nov 16, 72

Minha cara Leyla:

Paris com chuva e frio, mas acolhedora e viva como sempre. Já estive com meio mundo: Faye que vem de publicar 2 livros teóricos sobre a linguagem da ideologia, — o trabalho dele para o CNRS), Roubaud, Cortázar, Severo. Hoje vou almoçar com Sollers e Kristeva. Sábado parto para a Alemanha e domingo já estarei almoçando com Max Bense e Elisabeth Walther. Depois a Itália. Em dezembro, 1, volto a Paris e logo vou visitar o amo Audebert, o santo brasileiro da Capela gaulesa, que me espera, gentilíssimo e cheio de calor, como sempre.

Paris com chuva e frio, mas acolhedora e viva como sempre. Já estive com meio mundo: Faye que vem de publicar dois livros teóricos sobre a linguagem da ideologia, — o trabalho dele para o CNRS, Roubaud, Cortázar, Severo. Hoje vou almoçar com Sollers e Kristeva. Sábado parto para a Alemanha e domingo já estarei almoçando com Max Bense e Elisabeth Walther. Depois a Itália. Em dezembro, 1, volto a Paris e logo vou visitar o amo Audebert, o santo brasileiro da Capela gaulesa, que me espera, gentilíssimo, e cheio de calor, como sempre...[3]

Era Leyla Perrone-Moisés que afirmava em outro lugar: "O Haroldo esteve sempre por toda parte, antes de todo mundo — eu digo antes dos universitários porque ele não era universitário na época. Ele tinha conhecimento do formalismo russo, tinha contatos antes de mim com o grupo *Tel quel*, com o grupo *Change* [...]. Foi o primeiro a entrar em contato com o Todorov, com a Kristeva" (Wolff, 2008, p. 82). Estes depoimentos, assim como as múltiplas e afetuosas dedicatórias que estão em sua biblioteca (de

....

3. Como me informou Leyla Perrone — a quem agradeço a permissão para reproduzir a carta —, a aldeia de Audubert, na Dordogne, se chama La Chapelle-aux-Saints, o que explica a aparição do "santo" e da "capela".

Jakobson, Derrida, Eco, Kristeva, Meschonnic e tantos outros), e uns poucos textos de Jakobson, Derrida e Eco, pareceriam sugerir a inserção de Haroldo como um par nessa rede crítica e teórica que bascula entre *Tel quel* e *Change* e que, incluindo *Poétique*, encontra desde 1969 um núcleo de socialização em destaque na Associação Internacional de Semiótica. Porém, o primeiro problema com que Haroldo se encontra é que, como sujeito latino-americano, está excluído da cena do contemporâneo. Quer dizer, aparece como invisível. E uma mostra disso é que, salvo contadas exceções, nem seus textos nem seu nome aparecem citados por seus pares.[4] Haroldo se inclui, de fato, em uma cena que não o inclui, o que constitui um gesto típico das políticas literárias periféricas das quais participava, de outro modo, o gesto de Ludmer e ao qual já se referiu Nicolás Rosa — ainda que de uma perspectiva muito menos luciferina, sem as redes como as do poeta e crítico brasileiro e, afinal, sem essa vontade de interlocução que aparece constantemente em Haroldo — ao afirmar: "Somos leitores do universal, mas só somos escritores do particular" (Rosa, 1987, p. 12), modulando assim as relações entre a crítica e a teoria nas quais pareceria que, quando o autor falasse de um mesmo tema, enquanto uns fariam teoria, os outros fariam simplesmente crítica.[5] A transcrição de Ludmer de 1977 — que não deixava de colocar em cena, *ao mesmo tempo,* a lógica do texto duplo do qual fala — deixa perceber que Kristeva não era (como pretenderia?) uma interlocutora para Ludmer. Em Haroldo, ao contrário, a escrita de Kristeva aparece como hipotexto da própria escrita.

....

4. Este problema, é claro, não é unicamente geográfico. Pode-se consultar Françoise Collin (1999), que explora a remoção do nome feminino de Beauvoir na obra lacaniana.

5. Vale a pena retomar a noção de *espigones teóricos* teorizada recentemente por Analía Gerbaudo (2020), com a qual estuda empiricamente, problematiza e desconstrói os lugares do teórico e do crítico e as atribuições de valor implicadas na crítica argentina contemporânea.

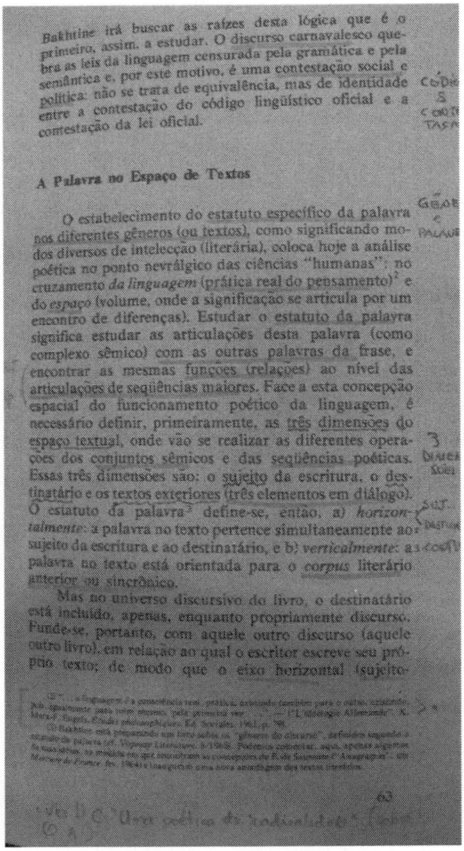

Bakhtine irá buscar as raízes desta lógica que é o primeiro, assim, a estudar. O discurso carnavalesco quebra as leis da linguagem censurada pela gramática e pela semântica e, por este motivo, é uma contestação social e política: não se trata de equivalência, mas de identidade entre a contestação do código lingüístico oficial e a contestação da lei oficial.

A Palavra no Espaço de Textos

O estabelecimento do estatuto específico da palavra nos diferentes gêneros (ou textos), como significando modos diversos de intelecção (literária), coloca hoje a análise poética no ponto nevrálgico das ciências "humanas": no cruzamento *da linguagem* (prática real do pensamento)[2] e do *espaço* (volume, onde a significação se articula por um encontro de diferenças). Estudar o estatuto da palavra significa estudar as articulações desta palavra (como complexo sêmico) com as outras palavras da frase, e encontrar as mesmas funções (relações) ao nível das articulações de seqüências maiores. Face a esta concepção espacial do funcionamento poético da linguagem, é necessário definir, primeiramente, as três dimensões do espaço textual, onde vão se realizar as diferentes operações dos conjuntos sêmicos e das seqüências poéticas. Essas três dimensões são: o sujeito da escritura, o destinatário e os textos exteriores (três elementos em diálogo). O estatuto da palavra[3] define-se, então, a) *horizontalmente*: a palavra no texto pertence simultaneamente ao sujeito da escritura e ao destinatário, e b) *verticalmente*: a palavra no texto está orientada para o *corpus* literário anterior ou sincrônico.

Mas no universo discursivo do livro, o destinatário está incluído, apenas, enquanto propriamente discurso. Funde-se, portanto, com aquele outro discurso (aquele outro livro), em relação ao qual o escritor escreve seu próprio texto; de modo que o eixo horizontal (sujeito-

63

São dois modos diferentes de lidar com o excesso. A dimensão luciferina de Haroldo com respeito a muitos de seus colegas contemporâneos é a de pretender fazer teoria, isto é, a de colocar seu discurso, não no mesmo nível de seus colegas norte-americanos e europeus, mas um *pas au-delà,* como "voraz bárbaro alexandrino" (1992, p. 253), parte de um excedente em relação ao saber ocidental que o faz herdeiro de uma cultura que não o inclui e que, de fato, excede sua figura.

A cena do contemporâneo — a que Octavio Paz se referiu em 1990, em um discurso predominantemente pacificador, ao receber o Prêmio Nobel de Literatura — é um teatro submetido constantemente a reajustes. Como espaço de representação, tem os mesmos problemas que qualquer outro regime representativo, e se o concebemos como uma república podemos entender que nela há uma "parte dos sem parte" (Rancière) que pode emergir em certas políticas da literatura, como a apresentada por Haroldo, que escrevia em 1974 para Leyla Perrone-Moisés:

> É preciso ter uma paciência beneditina para se fazer algo nesta maldita língua morta. Enquanto isto, vejo que todo mundo publica em ritmo de coelho nessa Lutécia velha mas sempreviva. Daqui a pouco, pela demora que ainda prevejo para a publicação das minhas GALÁXIAS estampadas no nº de 64 de INVENÇÃO (falo da 1a sequência, iniciada em 63), ficarei eu mesmo com a impressão borgiana de que o último Sollers (que finalmente descobriu Joyce e Rabelais) é que andou me influenciando por algum fenômeno de reencarnação às avessas na máquina do tempo!

Esse problema aparece como uma obsessão em Haroldo, tal como é possível constatar tanto em suas entrevistas quanto em sua correspondência e em seus próprios textos, e não por acaso Jacques Derrida dirá, em um escrito de homenagem, que Haroldo chegou antes dele em todos os lugares,[6] e Umberto Eco o chamará de "plagiário profético" em 1991 ao dedicar-lhe um de seus muitos livros (1989), respondendo assim a um dos desejos mais insistentes do escritor brasileiro.

A contemporaneidade tem a ver, assim, para Haroldo, com um gesto construtivo. Referindo-se à relação com o passado, afirmava em 1967: "o que era antes um panorama amorfo, contemplado por um olho destituído de projeto, ganha coerência e relevo hierárquico, readquire vida dentro de uma tábua sincrônica onde presente e passado são contemporâneos" (De Campos, 1967, p. 18).

Traduções

Partindo dessa problemática, é possível seguir as redes que o poeta paulista ajudou a construir, e como deu forma a uma temporalidade própria, um modo de fazer atento à multiplicidade de tempos que constitui sua própria contemporaneidade. Primeiro através do *paideuma* (Ezra Pound), depois

....

6. "Tout ce qui a pu signifier la loi, le désir aussi, l'urgence, mais l'urgence la plus aventureuse et la plus audacieuse pour moi, dans l'ordre da pensée, de l'écriture, da poésie — 'unique source' — dans l'horizon de la littérature, et avant tout dans l'intimité de la langue des langues, chaque fois tant des langues dans toute langue, je sais que Haroldo y aura eu accès comme moi avant moi, mieux que moi" (Derrida, 1996, p. 17-18).

(após conhecer pessoalmente Max Bense na Alemanha em 1959) através da *poética sincrônica* de Jakobson, com quem estabeleceu contato desde 1966, e finalmente através de uma *plagioutropía* e uma teoria geral da tradução, que vão se emaranhar com uma teoria literária e uma teoria antropofágica da cultura. Dessa perspectiva são fundamentais seus trabalhos individuais e coletivos de tradução, desde a tradução de *Cantares de Ezra Pound*, publicado em 1960, até a publicação da *Ilíada de Homero* em dois volumes em 2001 e 2002, passando pelos volumes sobre Joyce, *Panaroma do Finnegans Wake*, 1962, *Poesia russa moderna*, 1968, os provençais, Dante, os metafísicos ingleses e os marinistas italianos (*Traduzir e trovar*, 1968; *Dante: seis cantos do paraíso*, 1976; *Pedra e luz na poesia de Dante*, 1998), *Mallarmé*, 1974, Goethe, *Deus e o Diabo no Fausto de Goethe*, 1981, Octavio Paz, *Transblanco*, 1981. Já nos anos 1990, a tradução de passagens da Bíblia (*Qohélet-O-que-Sabe*, 1990, *Bere'shith: a cena de origem*, 1993 e *Éden: um tríptico bíblico*, 2004), de teatro japonês (*Hagoromo de Zeami: o charme sutil*, 1994) e poesia chinesa (*Escrito sobre Jade: poesia clássica chinesa*, 1996), traduções às quais devem ser somadas as de Ungaretti de 2002 (*Ungaretti: daquela estrela à outra*). Uma trajetória na qual, como é possível apreciar, o trabalho específico sobre as vanguardas desemboca em uma ampliação progressiva do raio linguístico e cultural e um retorno paralelo aos textos clássicos da tradição, que passam a ser revitalizados ao se inserirem na constelação haroldiana.

Junto a esse trabalho de tradução, há que se destacar seus resgates historiográficos (a *ReVisão de Sousândrade*, com Augusto de Campos, em 1964 e 1982, e a reivindicação de Gregório de Matos em *O sequestro do barroco*, 1989), suas leituras teóricas (Jakobson e a semiótica, Jauss, Mukarovsky, Derrida) e tradutológicas (Bense, Jakobson, Benjamin, Derrida), que participam, em última análise, de uma mesma aventura de crítica e criação em que está em jogo precisamente o problema da contemporaneidade.

Como escrevia Haroldo, "o que se entende, geralmente, por tradução é uma atividade neutralizadora: trata-se de rasurar a *forma significante* — suprimir o corpo — para dela extrair um presuntivo 'conteúdo', uma assim desincorporada ou desencorpada 'mensagem referencial'" (1988, p. 104). Diante dessas traduções feitas no melhor caso por "diluidores"[7] da tradição, Haroldo se referirá à "recriação", "transcriação", "reimaginação",

....

7. Tomo o termo de Ezra Pound — que é seguido por Haroldo de Campos — que, em seu *ABC of Reading*, se refere a "inventors", "masters", "diluters", "good writers without salient qualities" e "writers of belles-lettres" e "starters of crazes" (1987, p. 39-40).

"transtextualização", "transparadisação ou transluminação" e "translu-ciferação", passando de uma tradução "isomorfa" a uma "paramorfa" e da tradução servil ou literal à paródia. Como indicará o próprio Haroldo,

> essa cadeia de neologismos exprimia, desde logo, uma insatisfação com a ideia "naturalizada" de tradução, ligada aos pressupostos ideológicos de restituição da verdade (fidelidade) e literalidade (subserviência da tradução a um presumido "significado transcendental" do original) — ideia que subjaz a definições usuais, mais "neutras" (tradução 'literal'), ou mais pejorativas (tradução "servil"), da operação tradutora (1985, p. 79).

Por isso é possível traduzir o seguinte ideograma

日昇東

em que Haroldo reconhece a insistência do grama "solar"(日) nos três ideogramas, não só por um novo texto que rasuraria a dimensão poética do texto ("o sol se ergue a leste"), senão também por textos já existentes, como "O Sol ao pôr do sol (triste soslaio!)" (Sousândrade, *O Guesa*) ou

> "América do Sul
> América do Sol
> América do Sal"

de Oswald de Andrade, ou "e fissi li occhi al sole oltre nostr'uso", de *Paradiso* da *Commedia* de Dante, ou estes outros versos da mesma obra: "e di subito parve giorno a giorno/ essere aggiunto, come quei che puote/ avesse il ciel d'um altro sole adorno" (De Campos, 2000, p. 69-72).

Em todos esses textos o que se traduz é a forma. *Forma* que neste texto por acaso poderíamos traduzir por *força*. Com ela, a con-temporaneidade é iluminada assim como essa relação que constrói uma constelação sincrônica *entre* textos, que faz do tempo espaço ao dispor um poema chinês ao lado de textos da tradição brasileira e italiana, e ao fazer reverberar sobre estes últimos o código visual da poesia chinesa.

Se em Ludmer e em Rosa estavam em jogo o arquivo e a negação e, com eles, uma política dos restos (*Literal,* 1973), o limite e motor dessa prática em Haroldo é a biblioteca. Uma biblioteca-mundo-viagem que o escritor não cessará de percorrer em múltiplos sentidos. Sua biblioteca pode ser vista daí, borgianamente, como um universo — "O universo (que outros chamam a Biblioteca)..." — no qual a força da *arché* — a modo de *objeto=x* (Deleuze, 1976) ou buraco negro — forma uma espiral que atravessa os volumes e, dentro deles, giram os próprios textos. O que não está nela tem de ser adquirido e incorporado antropofagicamente ou produzido através do trabalho de edição, tradução ou criação. A potência desse redemoinho deixa marcas neles — sublinhados, índices, esquemas e referências intertextuais —, traça órbitas e forma, sempre de modo provisório, constelações. Se não queremos fixar esses vestígios, temos que entendê-los como atos inscritos — "todo objeto simbólico é um ato inscrito, um gesto que permanece enquanto inscrição", escreve Raúl Antelo (2016, p. 11) —, aproximando desse modo a biblioteca ao excesso que a habita e a percorre incessantemente.

Plagiotropias

Aqui seria bom nos determos em alguns casos e relações, como a de Haroldo e Perlongher, cujos livros estão conservados na Universidade de São Paulo. A biblioteca de Julio Cortázar (que textualizou suas relações com Haroldo ao incorporar sua tradução do soneto "duplo *zipper* argentino-brasileiro" em *Um tal Lucas,* de 1979) está, ao contrário, em Madri. No exemplar de *Deus e o Diabo no Fausto de Goethe* conservado na biblioteca de Cortázar se lê: "Para Julio Cortázar, esta transleitura mefistofáustica do velho Goethe (não o Goethe olímpico-estatuário, mas o outro, que 'carnavaliza' o inferno e 'carnaliza' o céu...). Com um abraço afetuoso de seu amigo — em constante peregrinação translatícia — e cronópio confesso Haroldo de Campos. Paris, 11.2.82" (De Campos, 1981b).

César Aira, retomando um tema borgiano, dá uma chave para o funcionamento da biblioteca de Haroldo, na qual a cultura se ilumina como montagem de fragmentos impulsionados pela força do agora: "A qualidade de único de um intelectual pode se captar simplesmente pela conjunção de suas leituras" (1997, p. 16). Daí cabe destacar que essa tradução não aparece como versão degradada de um texto original, mas como remissão ao infinito em que só contamos com traduções de traduções.

No mais, quando Nicolás Rosa reclamava para a crítica o estatuto de autonomia que a literatura já havia adquirido há tempos, estava apontando na mesma direção que Haroldo. Escrevia Rosa:

> Sempre consideramos [...] que se deve fazer da crítica um discurso autônomo. A crítica não deve manter uma relação de subordinação em relação aos objetos literários, mas, revalorizando uma relação dialógica com eles, admitir seu mesmo nível e reconhecer seu mesmo traço de ficcionalidade. Poderíamos dizer, em geral, que toda crítica cientificista (positivista) e inclusive aquela que postula alguma forma de interdisciplinaridade repõe ao objeto suas próprias categorias e não dá conta do próprio objeto, desse *objeto–não objeto,* trama lábil de múltiplas relações textuais [...]. Acreditar, fingir, que a literatura é um objeto–uno lido por um sujeito unitário é uma formação ideológica claramente delimitada na história (1990, p. 14–15).

Por isso o crítico argentino poderia argumentar que "o discurso da crítica é a literatura em uma de suas *versões*: a *ficção crítica*" (Rosa, 1987, p. 53).

Há uma bela dedicatória de Eco para Haroldo na qual, ao referir-se a *I sistemi di segni e lo strutturalismo sovietico* (Faccani; Eco, 1969), escreve:

> Ad Haroldo
> perché introduca in Brasile
> questa traduzione italiana
> di un adattamento russo
> della divulgazione francese
> dell'interpretazione praghese
> del pensiero leibniziano tedesco
> inspirato alla semiotica greca
> che kristeva (bulgara)
> dice di origine indiana
> (ma forse é cinese
> per via del binarismo universale
> dello Yin e dello Yang).
> Umberto[8]

....

8. Agradeço aos trabalhadores do Centro de Referência Haroldo de Campos, e especialmente a Julio Mendonça, a disponibilização dos documentos e a ajuda a todo momento.

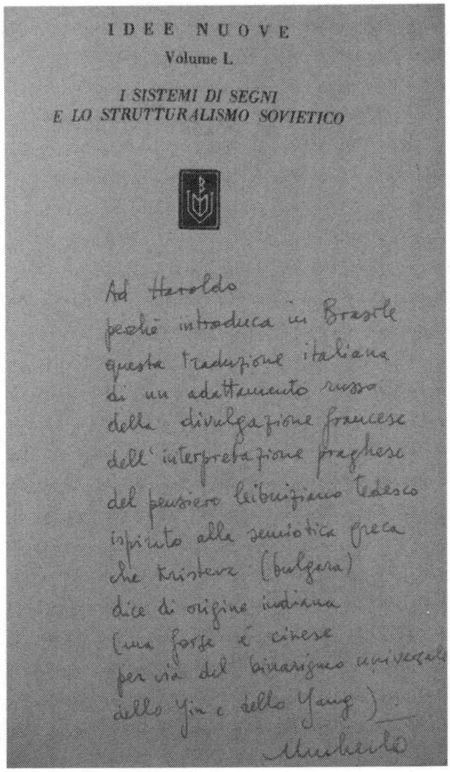
IDEE NUOVE
Volume L
I SISTEMI DI SEGNI
E LO STRUTTURALISMO SOVIETICO

Ad Haroldo
perché introduca in Brasile
questa traduzione italiana
di un adattamento russo
della divulgazione francese
dell'interpretazione praghese
del pensiero leibniziano tedesco
ispirato alla semiotica greca
che Kristeva (bulgara)
dice di origine indiana
(ma forse è cinese
per via del binarismo universale
dello Yin e dello Yang)
Umberto

Essa atenção à circulação dos textos, que lhes arranca a origem, enfatiza uma tradução que já não se refere a uma fonte ou a um fundamento, mas a um desvio plagiotrópico, sem origem nem fim, que constitui o próprio movimento da literatura. Essa insistência da criação como tradução e deslocamento, da teoria como ficção crítica e da origem como perda da origem, moldados e tematizados de diversas maneiras por um setor importante da crítica e da literatura argentina e brasileira, é algo a que a crítica e a literatura europeia em geral e, particularmente, a espanhola resistem profundamente, e que só aparece, comumente, de uma perspectiva eminentemente negativa na obra de alguns exilados, como é o caso de Bergamín. Essa distinção entre os dois espaços, que não é absoluta, se desdobra, por sua vez, sobre as duas interpretações da perda de centro a que se referia Derrida, em 1966, em Baltimore: a melancólica (Lévi-Strauss) e a entusiasta (Nietzsche).

O problema do contemporâneo será assim uma das grandes questões, não só de Haroldo, mas também da crítica argentina e brasileira. Um problema que não há que pensar em termos de inclusão em um tempo central e único (universal) que condena quem o pratica a *um estar sempre em dívida*, senão a partir do "con" (contemporaneidade, conjunção, constelações) e do "entre" (entre-lugar). Há assim uma política da crítica — que, para dizê-lo com Bergamín, oscila entre *"antes de ayer y pasado mañana"* — que não se preocupa tanto em saber se um autor ou uma obra são contemporâneos ou anacrônicos como, recorrendo ao imemorial, de saber se nós podemos chegar a ser contemporâneos dessas obras e desses autores. Ao deslocar a pergunta, restituímos a dimensão do "con" e, com ela, a pergunta crítica pelo presente e pela possibilidade da emergência de outros tempos. Aí é onde aparece, entre a Argentina e o Brasil, uma configuração crítica e literária que não dá conta simplesmente de um objeto cultural, senão da própria possibilidade de pensar um espaço fraturado e em movimento no qual "a questão da origem desloca-se para a pergunta sempre di-ferida a respeito do 'rascunho do rascunho'" (De Campos, 1996, p. 195), de modo que a função "angélica" do tradutor e do crítico se converte em "luciferina" e se apresenta diante do original, o mesmo que diante do seu objeto, "não como mensageira do significado transcendental (da 'língua pura'), mas, luciferinamente, como *différance*, como 'presença diferida' e diferença em devir" (p. 195). O que nos fala, sem dúvida, da impossibilidade radical de habitar o próprio tempo, de sermos nossos próprios contemporâneos, mas também, não menos importante, das maneiras singulares como essa impossibilidade é recusada ou denegada.

Referências

AGAMBEN, Giorgio. ¿Qué es lo contemporáneo?. In: *Desnudez.* Trad. Cristina Sardoy. Buenos Aires: Adriana Hidalgo, 2011.

AIRA, César. *El Congreso de Literatura (Novela).* Venezuela: El otro el mismo, 1997.

ANTELO, Raúl. Marginal ou anacrônico? In: *Tempo de Babel*: anacronismo e destruição. São Paulo: Lumme, 2007.

ANTELO, Raúl. *Archifilologías latinoamericanas*: lecturas tras el agotamiento. Villa María: Eduvim, 2015.

ANTELO, Raúl. *A ruinologia.* Florianópolis: Cultura e Barbarie, 2016.

BARTHES, Roland. *Mythologies.* In: *Œuvres complètes I.* Paris: Seuil, 2002. Edição original: 1957.

BOURDIEU, Pierre. Les conditions sociales de la circulation internationale des ideées. *Actes de la recherche en sciences sociales*, n. 145, dez. 2002.

CASTELLET, José María. *Nueve novísimos poetas españoles*. Barcelona: Península, 2011. Edição original: Barcelona: Barral, 1970.

CATELLI, Nora. Academias: los equívocos del comparatismo en el mundo (hispánico). *Chuy - Revista de Estudios Literarios Latinoamericanos*, n. 2, p. 34-44, jul. 2015. Disponível em: www.revistasuntref.com.ar/index.php/chuy/article/view/119. Acesso em: 12 abr. 2021.

COLLIN, Françoise. Nom du père. On de la mère: de Beauvoir à Lacan. *Lectora*, 4, p. 23-35, 1999.

CORTÁZAR, Julio. Lucas, sus sonetos. In: *Un tal Lucas*. Madrid: Suma de Letras, 2000 (1979), p. 167-173.

DE CAMPOS, Haroldo. Texto e História. In: *A ReOperação do texto*. São Paulo: Perspectiva, 2013 [1967], p. 15-25.

DE CAMPOS, Haroldo. Da razão antropofágica: diálogo e diferença na cultura brasileira. In: *Metalinguagem & outras metas*. São Paulo: Perspectiva, 2006 (1992), (1981a), p. 231-255.

DE CAMPOS, Haroldo. *Deus e o diabo no Fausto de Goethe*. São Paulo: Perspectiva. Ejemplar de la biblioteca Julio Cortázar (Fundación Juan March), (1981b). Referencia del documento: BC-L-Cam8. Acesso em: www.march.es/bibliotecas/repositorio-cortazar/ficha.aspx?p0=cortazar:380&l=1. Acesso em: 24 mar. 2021.

DE CAMPOS, Haroldo. À esquina da esquina (1988). In: TÁPIA, Marcelo; NÓBREGA, Thelma Médici (orgs.). *Haroldo de Campos*: transcriação. São Paulo: Perspectiva, 2013.

DE CAMPOS, Haroldo. Da transcriação: poética e semiótica da operação tradutora (1985). In: TÁPIA, Marcelo; NÓBREGA, Thelma Médici (orgs.). *Haroldo de Campos*: transcriação. São Paulo: Perspectiva, 2013.

DE CAMPOS, Haroldo. A clausura metafísica da teoria da tradução de Walter Benjamin, explicada através da *Antigone* de Hölderlin (1996/1969). In: TÁPIA, Marcelo; NÓBREGA, Thelma Médici (orgs.). *Haroldo de Campos*: transcriação. São Paulo: Perspectiva, 2013.

DE CAMPOS, Haroldo. *Ideograma*: lógica, poesia, linguagem. São Paulo: EdUSP, 2000.

DELEUZE, Gilles. ¿En qué se reconoce el estructuralismo?. Trad. Victorio Peral Domínguez. In: François Châtelet (Ed.). *Historia de la filosofía (tomo IV)*. Barcelona: Espasa Calpe, 1976.

DERRIDA, Jacques. Chaque fois, c'est-à-dire, et pourtant, Haroldo... (25 mai. 1996), *Revista Cisma,* ano IV, p. 17-18, 2015.

ECO, Umberto. *Lo strano caso della Hanau 1609*. Milano: Bompiani, 1989. [Acervo Haroldo de Campos, tombo 11026].

FACCANI, Remo; ECO, Umberto (eds.). *I sistemi di segni e lo strutturalismo sovietico.* Milano: Bompiani, 1969. Tombo 11326. Biblioteca Haroldo de Campos (Acervo Haroldo de Campos, Casa das Rosas, São Paulo).

FOUCAULT, Michel. Lenguaje y literatura (1964). Trad. Isidro Herrera. In: *De lenguaje y literatura.* Barcelona: Paidós, 1996.

GERBAUDO, Analía. Espigones argentinos. *Seminario/workshop: La circulación de la teoría francesa en América Latina y España,* 18 dez. 2020.

JITRIK, Noé. *Encuesta: la crítica literaria en la Argentina.* In: PRIETO, Adolfo (preparação e prólogo). Santa Fe: Facultad de Filosofía y Letras, Instituto de Letras, Universidad Nacional del Litoral, 1963.

KRISTEVA, Julia. Le mot, le dialogue et le roman. In: *Sèméiotikè. Recherches pour une sémanalyse.* Paris: Seuil, 1969, p. 82-112.

KRISTEVA, Julia. *Introdução à Semanálise.* São Paulo: Perspectiva, 1974. ("Debates – Semiótica", 84) [Acervo Haroldo de Campos / Tombo / 3013].

LITERAL. El resto del texto. In: *Literal,* ediciones Noé, n. 1, nov. 1973. Citado de *Literal* (ed. facsimilar). Buenos Aires: Biblioteca Nacional, 2011, p. 47-52.

LOS LIBROS. La creación de un espacio. *Los libros,* n. 1, ano I, jul. 1969, p. 3.

LUDMER, Josefina. Hacia la crítica. Encuesta a Aníbal Ford, Luis Gregorich, Josefina Ludmer, Ángel Núñez y Ricardo Piglia. *Los libros,* n. 28, ano IV, p. 3-7, set. 1972.

LUDMER, Josefina. Literatura y crítica: una encrucijada, una encuesta (primera parte). *Latinoamericana,* n. 2, ano 1, p. 5-22, jun. 1973.

LUDMER, Josefina. Introducción. In: *Onetti*: los procesos de construcción del relato. Buenos Aires: Sudamericana, 1977.

LUDMER, Josefina. Introducción. In: *Onetti*: los procesos de construcción del relato. Buenos Aires: Eterna Cadencia, 2009, p. 17-23.

MASOTTA, Oscar. *Encuesta*: la crítica literaria en la Argentina. In: PRIETO, Adolfo (preparação e prólogo). Santa Fe: Facultad de Filosofía y Letras, Instituto de Letras, Universidad Nacional del Litoral, 1963.

PAZ, Octavio. La búsqueda del presente. Conferencia Nobel, 1990. *Obras completas II. Excursiones/incursiones (dominio extranjero). Fundación y disidencia (dominio hispánico).* Barcelona: Galaxia Gutenberg, 2000 [1990], p. 657-672.

PINO ESTIVILL, Ester. Barthes en España. *Landa,* v. 7, n. 2, p. 312–339, 2019.

POUND, Ezra (1987). *ABC of Reading.* New York: New Directions Paperbook, 1987. (1934).

PRIETO, Adolfo (preparação e prólogo). *Encuesta:* la crítica literaria en la Argentina. Santa Fe: Facultad de Filosofía y Letras, Instituto de Letras, Universidad Nacional del Litoral, 1963.

RETAMOSO, Roberto. Kristeva, más de treinta años después. In: *II Congreso Internacional y VII Nacional de la Asociación Argentina de Semiótica,* 7 a 10 nov. 2007. Rosario: Centro Cultural Bernardino Rivadavia.

RETAMOSO, Roberto. La recepción del postestructuralismo en la Argentina, *452ºF,* n. 24, 2021. Disponível em: revistes.ub.edu/index.php/452f/article/view/33560/33167. Acesso em: 24 mar. 2021.

ROSA, Nicolás. Estos textos, estos restos. In: *Los fulgores del simulacro.* Santa Fe: Cuadernos de Extensión Universitaria, 1987.

SANTIAGO, Silviano. O entre-lugar do discurso latino-americano. In: *Uma literatura nos trópicos.* São Paulo: Perspectiva, 1978. Citado de SANTIAGO, Silviano. O entre-lugar do discurso latino-americano. *Ensaios antológicos.* São Paulo: Nova Alexandria, 2013, p. 10-30.

SANTIAGO, Silviano. A viagem de Lévi-Strauss aos trópicos. In: *Ora (direis) puxar conversa!* Belo Horizonte: Editora UFMG, 2006, p. 293-336.

VERÓN, Eliseo. Acerca de la producción social del conocimiento: el "estructuralismo" y la semiología en Argentina y Chile. *LENGUAjes - Revista de lingüística y semiología,* 1, p. 96-125, 1976.

WOLFF, Jorge. *Telquelismos latinoamericanos.* Buenos Aires: Grumo, 2008.

Polêmicas da vizinhança: a partir de uma provocação de César Aira

Ieda Magri (UERJ/Faperj)[1]

Num texto de 1986 mas publicado somente em 2021 pela Random House, numa coletânea de ensaios intitulada *Artículos y ensayos 1980-2011*, César Aira se dedica a pensar o que ele chama de "Desdenhosa ignorância da literatura do Brasil". O texto não poderia, no entanto, ser chamado de artigo ou ensaio, está mais para uma de suas "Continuações para ideias diversas", escritos ensaísticos de fôlego curto e que cumprem muito mais o papel de provocação que de defesa e argumentação em torno de uma tese. O texto não tem mais que duas páginas e foi traduzido por Joca Wolff para o *Suplemento Pernambuco* em julho de 2020. O que me interessa nele é pensar como se articula em Aira o pensamento de que não nos lemos mutuamente, brasileiros e argentinos.

A tese é amplamente sustentada por artistas, intelectuais, escritores, e tem suas razões, apesar dos esforços de alguns pesquisadores, entre eles Gustavo Sorá, que em *Traducir el Brasil* nos mostra como a literatura brasileira sempre circulou pela Argentina embora não tenha sido tão comentada pelos seus leitores cultos. A pesquisa de Sorá mostra como somos todos vítimas de uma crença, que ele denominou de "fórmula Mérou": "un esquema de pensamiento que atraviesa la historia cultural argentina y postula el 'desconocimiento del Brasil' al tiempo que impulsa acciones para reverter tal situación" (2003, p. 21). Esquema fundado na declaração do diplomata Martín García Mérou de que, de todas as literaturas do continente, a do Brasil era a menos conhecida. A partir dessa sua constatação, Sorá empreende um vasto estudo da literatura brasileira e se empenha em iniciar um trabalho de tradução e difusão na Argentina, ignorando todos os esforços anteriores.

Segundo Sorá, é essa crença que dá início quase em todas as décadas ao "primeiro" trabalho de descoberta da literatura brasileira entre os argentinos, ignorando tudo o que veio antes. A mesma fórmula tem sua versão

1. Este artigo faz parte da pesquisa *Literatura brasileira e latino-americana: questões de inserção no cenário contemporâneo*, apoiada pela Faperj no programa Jovem Cientista do Nosso Estado (JCNE).

brasileira, fundada em Brito Broca, que no livro *A vida literária no Brasil: 1900* constata o mesmo que Mérou: que a literatura brasileira ainda não havia sido publicada na Argentina. Sorá mostra que sim: "entre 1902 y 1912 la Biblioteca La Nación ya había publicado cinco títulos de autores brasileños com grandes tiradas para la época" (p. 22). Para ficar em Machado de Assis, *Memórias póstumas de Brás Cubas*, traduzido por Arturo Costa Alvarez, foi publicado em 1902; *Esaú e Jacó*, traduzido por Mario (é como aparece na edição, informa Sorá) em 1905, apenas um ano depois da publicação brasileira.

É claro que algo aqui se impõe para contrabalançar a ideia da crença (de que nada foi feito quando muito já foi feito) em termos de materialidade. O fato, tão discutido, de que Borges nunca leu Machado: para Aira, Machado é "tão superior a Henry James" e "teria dado a Borges uma ideia mais rica do poderio de uma literatura menor" (Aira, 2020, p. 2). Aira vai além de Machado e sustenta que Borges não leu nenhum dos autores brasileiros, ainda que alguns teriam "sido feitos para o seu gosto", como Álvares de Azevedo e Cruz e Sousa. Ele parece, aqui, sustentar a mesma tese de Susan Sontag, a de que "Não se considera necessário — ao menos até agora — que uma pessoa culta, uma pessoa em busca do êxtase que só a ficção pode trazer, leia esses livros" (2008, p. 185). Aira: "Um argentino pode ser culto, e até muito culto, e ignorar tudo da História, das artes e das letras brasileiras" (p. 3). Ou seja, a tradução da literatura brasileira para o espanhol e sua distribuição na Argentina, antes mesmo que na França ou no México, os outros centros de importação de nossa literatura, conforme mostra a pesquisa de Sorá, não bastaram para que fossem lidos ou que ganhassem prestígio no século XX.

Mas ao contrário do que diz Sontag em outro ensaio, "é muito mais provável que um escritor desses países [os hispano-americanos] conheça qualquer das literaturas europeias ou literatura em inglês do que a literatura do Brasil, embora os escritores brasileiros tenham uma consciência apurada da literatura hispano-americana" (2005, p. 59). Aira trata esse problema em termos de "repugnância mútua" (2020, p. 2). Para ele "a causa das causas foi uma radical diferença" e essa diferença não é a língua: é a de que o "Brasil foi o país da nacionalidade triunfante e feliz" (p. 2). Joca Wolff em seu comentário ao texto chama atenção justamente para esse pretérito. De fato, entre parênteses, Aira diz que a literatura depois de Clarice Lispector decaiu muito e "passou a viver de suas glórias passadas". Essas glórias passadas ele enumera no parágrafo mais longo de seu texto: "Gonzaga faz jus a Foscolo, Alencar a

Chateaubriand, Pompeia a Zola, Cruz e Sousa, sem exagero, a Baudelaire"; ele já tinha dito que Machado é melhor que Henry James, e continuará a lista com José Lins do Rego e Graciliano Ramos, Guimarães Rosa e Clarice Lispector. Nosso cânone bem lido, como figurava já no seu *Dicionário de autores latino-americanos.*

Mas essa nossa "glória passada" está ligada às duas mais fortes características de nossa literatura: "o snobismo provinciano" e a "dependência cultural da literatura europeia". A diferença do Brasil com os outros países da América Latina está em que aqui "todas as escolas literárias europeias dos últimos dois séculos triunfaram, enquanto nos países hispano-americanos fracassavam ou tinham de se conformar com vitórias pícaras" (p. 2). Aira coloca o Barroco como uma exceção, pois não podia conhecer o que depois veio a ser *O sequestro do barroco na formação da literatura brasileira: o caso Gregório de Matos,* cuja primeira redação se deu justamente naquele ano de 1986 para um simpósio na Universidade Federal da Bahia, em comemoração aos 350 anos de nascimento do poeta.

Numa revolução argumentativa, aquilo que era anunciado no título e desenvolvido no primeiro parágrafo — os autores argentinos cultos ignoram "um quase inesgotável tesouro de deleites escritos" aliás "numa língua apenas tenuemente estrangeira" — a sequência do texto vai desequilibrar e colocar na nossa literatura — e não mais no desinteresse dos escritores cultos argentinos — o problema da diferença e do desconhecimento: "Sua riqueza tornou a literatura brasileira em boa medida autossuficiente. O desdém pode ter começado aí" (p. 3). Aquilo que ele elogiou no início do texto, a atividade cultural desenvolvida por Mário de Andrade que, "sendo pobre", trazia ao Brasil Lévi-Strauss, organizava um dos melhores museus de arte moderna do mundo[2] e escrevia *Macunaíma,* logo se torna nosso defeito: "A atividade surpreendente e multiforme que desenvolveram muitos de seus grandes escritores pela difusão e promoção cultural (em contraste com a atitude argentina, onde a excelência literária correspondeu quase sempre ao retraimento) nunca pôs a mira em seus vizinhos, ou seja, em nós" (p. 3).

Sem discordar de Aira, ainda assim chamo atenção para a manobra bastante intrigante que ele elabora em seu texto, reforçando as disputas já célebres em torno de quem é o maior jogador e qual a melhor carne entre os dois países. Levando para o campo da literatura — se ainda há sentido falar

....

2. Os museus de arte moderna de São Paulo e do Rio são inaugurados em 1948, e o de Buenos Aires, em 1956.

de campo, e essa é toda uma discussão que não cabe aqui —, as disputas e acusações em torno de por que não nos lemos, não nos olhamos ou não nos interessamos um país pela cultura do outro. O texto acaba com uma nota otimista, seguida de um travo amargo: se o *boom* iniciou uma aproximação, ela é lenta e furtiva. E um travo amargo seguido de uma nota otimista: "o currículo universitário argentino omite olimpicamente as letras brasileiras", mas há alguns latino-americanistas promissores, entre eles Susana Zanetti, editora do Centro Editor de América Latina e a quem César Aira agradece na nota introdutória de seu *Dicionário de autores latino-americanos*: "Y un agradecimiento: a mi querida amiga Susana Zanetti, por sus generosos préstamos de libros" (Aira, 2001, p. 2).

O enlace mostra o quanto esse texto de Aira está próximo da elaboração do dicionário. Apesar de ter sido publicado somente em 2001, a data da "Advertência" que o abre é março de 1985. A constatação do desdém é paralela à escrita do dicionário e também está muito próxima à segunda e última visita de Borges ao Brasil, em agosto de 1984. É também a década em que Manuel Puig viveu no Brasil e "promoveu" a vinda de muitos escritores argentinos, entre eles o próprio Aira, Alan Pauls, Graciela Speranza, entre outros (Tomasini, 2019, p. 59). Ou seja, aqueles anos de 1980 foram um momento de grande aproximação e interesse bilateral que, se tem um de seus inícios mais visível, como afirma Aira, nos anos do *boom*, o próprio dicionário e o empenho de Aira demonstram um interesse de leitura crescente que também pode ser visto pelo lado do Brasil.

Não é verdade, por exemplo, que a atividade de promoção cultural de Mário de Andrade nunca pôs a mira nos vizinhos, como podem comprovar, hoje, vários estudos, entre eles *Na ilha de Marapatá*, de Raúl Antelo, que traz os famosos textos de Mário sobre a literatura modernista argentina, publicados ainda em 1928; o ensaio de Davidson Diniz, "Instinto(s) de transnacionalidade", que, além de mostrar a atuação de Mário em seu trabalho no reconhecimento recíproco das duas literaturas, trata da sociabilidade dos campos literários brasileiro e argentino, revelando esforços comuns entre escritores dos dois países para tradução e publicação de escritores como Monteiro Lobato, Graciliano Ramos, Gilberto Freyre, Sarmiento, Raul Navarro, Benjamín de Garay, entre outros. Há também o livro organizado por Jorge Schwartz, *Borges no Brasil*, com uma tradução de um texto de Borges por Clarice Lispector e toda a recepção de Borges no Brasil, inclusive o texto de Mário que vê no Borges de apenas 28 anos, ou seja, Borges antes de ser Borges, um dos melhores escritores argentinos dos anos 1920: "Este poeta e ensaísta me parece a personalidade mais saliente da geração moderna da Argentina. Depois de Ricardo Güiraldes, — o que teve a felicidade de morrer depois da obra-prima [Dom Segundo Sombra] — a figura de Jorge Luis Borges é a que mais me atrai e me parece a mais rica de lá" (Antelo, 1986, p. 176; Schwartz, 2001, p. 284).

No capítulo "Passagens" do livro de Antelo, ele enfeixa os "trabalhos de crítica jornalista em que o empalhador de pássaros disseca seus contemporâneos e vizinhos" (p. 161) e ainda traz uma boa provocação de Borges enquanto (im)possível leitor de literatura brasileira, que ele assim apresenta: "Incluí, finalmente, dois textos de Jorge Luis Borges que fixam um singular contraponto. Convém, contudo, temperar os arroubos instigados pelo confronto" (p. 161). Enquanto Mário de Andrade não se cansa de trabalhar pelo conhecimento brasileiro da literatura argentina, Borges, ao escrever sobre Ribeiro Couto, assim aborda o mesmo problema que Aira atualiza em 1986:

> É opinião geral (ou queixume mecânico geral) que os homens das diversas Américas não nos conhecemos bastante. Se omitimos dessas Américas a do Norte (que pode nos ensinar muito, ou até tudo, ora por erros ora por acertos) penso estritamente o contrário. Penso que infinitamente nos parecemos, com escassas e míseras variantes de cor local, e que um conhecimento intensivo seria como esses fatigantes velórios que nos infringem o incômodo tratamento de aziagos primos derrotados pela urticária ou de pálidas tias que vivem à espera do escorbuto. Quando um mulato açucarado me jura que tal ou qual prócer guatemalteco "quer bem os argentinos" e dedica vigias apaixonadas a examinar os livros de Manuel Gálvez ou de Jorge Luis Borges, minha justa indignação ignora os limites e declaro:
> a) que está malbaratando a vida; b) que se trata de um ingênuo político que lê para que o leiam, e c) que os infernos do Pen-Club serão seus. [...]
> Não sei se disto decorre que meu desconhecimento da lírica do Brasil não se envergonha excessivamente de ser total. Não se veja nisso desdém: veja-se a indolente convicção — talvez errada mas não ilógica — de que pessoas parecidas comigo ou com os amigos que frequento e providas de uma biblioteca não muito diferente não possam me oferecer vastos assombros (Antelo, 1986, p. 189).

Isso mais do que demonstra que se Borges não leu Machado foi pela "indolente convicção" declarada nesse artigo publicado na *Revista Multicolor* em 30 de dezembro de 1933, ou, malgrado suas palavras, por aquilo que Aira chama de desdém, pura e simplesmente.

Em seus artigos sobre a literatura modernista argentina, assim como Aira, Mário de Andrade começa por afirmar uma "diferença grande".

> A Argentina, devido a força concentradora de Buenos Aires e a umidade (sic) [unidade] geográfica, me parece que já possui, mais ou menos, um caráter psicológico chegado a esse estágio de evolução que se determina pela inconsciência nacional.
>
> Aqui no Brasil, a gente ainda está muito conscientemente brasileiro e nisso me parece que não progredimos muito sobre José de Alencar. As dificuldades são aqui muito maiores e talvez mesmo intransponíveis. A nossa variação geográfica é tão grande que me parece que todo brasileiro, desejoso de ser brasileiro, tem de o ser mais ou menos conscientemente. Ainda para acentuar mais essa variedade geográfica, o país sofre uma desarmonia de progresso formidanda (Antelo, 1986, p. 167).

Toda a argumentação de Mário de Andrade sobre a grande diferença entre Argentina e Brasil parte desse pressuposto. E, no fim das contas, é este também o pressuposto de Aira: o Brasil foi o país da nacionalidade triunfante. E mais: "Em poucos países latino-americanos ou, melhor dito, em nenhum, as letras tiveram como no Brasil um papel tão capital na feitura da nação" (2020, p. 1). Para Mário a nossa consciência de brasilidade é ofuscante, é debilitante. A inconsciência da nacionalidade é um passo além da sua consciência. Somente depois que os escritores deixam de se inquietar com esse problema, podem torná-lo inconsciente. Ele diz em seu primeiro artigo sobre a literatura modernista argentina: "Basta comparar os amazonas de tinta que os modernos do Brasil fazem correr a respeito de brasilidade e a ausência quase absoluta disso nos livros e revistas modernas da Argentina" (Antelo, 1986, p. 167-168) Por isso pensa a diferença em termos de confiança e insegurança: "Ora, a confiança do argentino e a insegurança do brasileiro caracterizam o jeito diferente com que estão sendo tratadas as falas nacionais" (p. 168). Mário faz seu *mea culpa*, dizendo que o mais inquieto foi ele, mas, no fim, o problema se dá porque a intelectualidade brasileira não percebe que "o Brasil não foi feito por ninguém, Brasil é uma fatalidade que a gente pode melhorar ou piorar, esfacelar ou conservar, com psicologia já própria e fatal, através e apesar de todas as pesquisas conscientes" (p. 170).

No terceiro artigo, no qual tratará de Borges e que acompanha sua tradução de "Queja de todo criollo", de *Inquisiciones*, ao contrário de Borges, que não vê nada de interessante nas letras de pessoas parecidas consigo ou com uma biblioteca similar, Mário de Andrade faz o seguinte reparo à revista *Martín Fierro*, de que é leitor voraz:

> Infelizmente nos últimos tempos tem se esforçado por congregar nas páginas dela também muitos nomes estrangeiros especialmente europeus. Especialmente franceses. Digo "infelizmente" pra nós, os que se interessam pela manifestação argentina de arte que fica prejudicada não em valor mas em número diante dessa concorrência estrangeira. Esta a gente lê nas revistas europeias com bem mais nitidez e verdade. Numa revista sul-americana na maioria dos casos não pode interessar. Em geral é escrita "pour la Amerique Latine"... Eis um reparo que me parece mais fácil de ser feito pela timidez recalcitrante de um brasileiro que pela confiança de um argentino... (1986, p. 175).

Mário lê a revista argentina porque está interessado no que produz o vizinho. E, nesse caso, parece que a "grande diferença" acaba por ter seu lado positivo. Também é interessante perceber essa crítica que opõe em francês "la Amerique Latine" e a adjetivação da revista como sul-americana. Este é um dos pontos nos quais se detém Mário de Andrade no primeiro artigo da série: "Todo e qualquer alastramento do conceito de pátria que não abranja a humanidade inteira, me parece odioso. Tenho horror a essa história de 'América Latina' muito agitada hoje em dia" (1986, p. 165). Para Mário, "não existe unidade psicológica ou étnica continental. Mesmo aceitando só para argumentar que as condições históricas e econômicas sejam absolutamente iguais nos países de um continente, isso não basta para criação de um conceito social continental porque não são condições permanentes nem intrínsecas" (1986, p. 165). É nesse contexto que vai insistir na diferença entre as literaturas argentina e brasileira. E lhe interessa muitíssimo os termos da comparação, porque, se se trata de diferenças, elas interessam enquanto constituição mesma de uma ou outra literatura fora de um olhar homogeneizante e muito menos produzido de fora, da França.[3]

....

3. A expressão "pour la Amérique Latine" parece responder, com ironia, ao uso de conceito "fabricado" na França. No verbete "Literatura", da *Enciclopédia Latinoamericana*, publicada

É por isso que, ao contrário de Borges, é toda uma riqueza o que Mário detecta da produção que procede de uma biblioteca mais ou menos comum, a leitura dos autores europeus e americanos. De todo modo, postergando um pouco a discussão sobre o conceito de América Latina, odioso a Mário, estamos em condições de pensar aquela estratégia de Aira para detectar o início do desdém no esnobismo brasileiro que vem de seu bem-sucedido nacionalismo manifesto em sua "imitação" das grandes escolas europeias. Ou seja, o esnobismo consiste numa tal confiança no poder das letras nacionais que só interessa emular (porque imitar e rivalizar) com a Europa. Nisso consiste a "dependência cultural que nunca sofreu resistência ou foi sequer questionada" (Aira, 2020, p. 2). Isso até o Modernismo, quando, outra vez, à diferença dos outros países do continente, foi a vanguarda que "frutificou com um nacionalismo de insólita originalidade". Ainda que, por isso mesmo, tenha se tornado "autossuficiente" (p. 3) no dizer de Aira. Salvo engano, Aira está dizendo que a literatura brasileira, enquanto dependente da europeia, se crê autossuficiente em relação às outras literaturas latino-americanas. Se puxarmos por Mário, Aira está errado. Mas por que as frases de Borges parecem tão verdadeiras? Será simples efeito da fórmula Mérou em atuação?

"É opinião geral (ou queixume mecânico geral) que os homens das diversas Américas não nos conhecemos bastante" é frase repetida em outras palavras pela grande maioria dos escritores brasileiros e argentinos ou brasileiros e chilenos ou brasileiros e mexicanos. Não é problema que mereça atenção quando o Brasil não está na disputa, pois a questão se coloca justamente nessa dificuldade de inserção de nossa literatura no mundo literário hispano-americano ou da literatura hispano-americana no Brasil. Assim, por mais que estudos de diversos pesquisadores comprovem a leitura mútua em diferentes épocas da história de nossas literaturas, por mais que haja cátedras e cursos de literatura brasileira na Argentina, que se estudem e traduzam os brasileiros no México ou no Chile, que se abram editoras especializadas

....

pela Boitempo, pode-se ler: "El concepto de América Latina nació en París, de dos fuentes distintas. La más difundida inicialmente provino de la política externa de Napoleón III a mediados del siglo XIX. Con el concepto, su diplomacia quiso justificar el apoyo a la instalación de un imperio en México, del que en 1864 fue nombrado emperador el archiduque austríaco Maximiliano. La tentativa fracasó: en 1867 los rebeldes mexicanos, liderados por Benito Juárez, depusieron y fusilaron al pretendido emperador, finalmente abandonado por su mentor francés. Pero el concepto y la palabra permanecieron. La segunda fuente del concepto — que perdura hasta hoy — fue el difuso sentimiento de resistencia entre los intelectuales a la creciente influencia de los Estados Unidos al sur de su frontera nacional" (Aguiar, 2006, s/p).

em hispano-americanos no Brasil, que haja cursos nas nossas faculdades para estudar os hispano-americanos, que se façam continuamente esforços comuns de agentes ou de leitores interessados em ambas literaturas e na sua difusão,[4] ainda soam como muito verdadeiras as frases de Borges e de Aira que apontam para uma "repugnância mútua". Assim, temos por um lado a ignorância mesma dos processos de inserção e difusão de uma literatura na outra pelo menos desde 1840, que poderiam ser rastreados, como o fazem Gustavo Sorá e Davidson Diniz, e, por outro, a evidência de que esse processo sempre foi pontual, lento e invisibilizado, resultando numa "distância simbólica" (Tomasini, 2019, p. 18).

Por muito tempo as literaturas da América Latina tiveram como alvo de interesse o olhar europeu ou americano. Os "antropófogos devoradores" devoraram a biblioteca "universal", que no fim é a europeia e a formação dos homens cultos — mas não a de Mário de Andrade —, como diz Aira, e prescindiram da biblioteca latino-americana. E isso no Brasil, na Argentina, no Chile ou no México, para falar dos países em que as trocas com o Brasil, hoje, são efetivas, ainda que continuem pontuais e muitas vezes invisíveis.

Há, porém, "momentos decisivos" recentes nessa história de aproximação. E eles têm a ver com a operacionalização do conceito de América Latina, nos anos 1960 com o *boom*, nos anos 1990 com o Mercosul, no início dos anos 2000 com o "fenômeno Bolaño"[5] e, a partir de 2010, com a mobilização do Brasil em torno de sua participação como convidado especial na Feira de Frankfurt e todo o processo de internacionalização que ela gerou.[6]

....

4. O trabalho em torno da visibilização, tradução e publicação da literatura contemporânea brasileira no continente tem recebido impulso nos últimos anos na Argentina, ganhando destaque a atuação de Florencia Garramuño, Gonzalo Aguilar, Mario Cámara, Adriana Amante, Daniel Link e um grande elenco de pesquisadores. É onde nossa literatura mais tem visibilidade no continente, sendo já clássica a coleção Vereda Brasil, da Ediciones Corregidor. Pelo lado do Brasil, além do trabalho pioneiro de Mário de Andrade, Raúl Antelo e Silviano Santiago, também temos publicado um número crescente de autores da América de língua espanhola, merecendo destaque a coleção Otra Lingua, coordenada por Joca Reiners Terron, a coleção Nomadismos, de Renato Rezende, a coleção Entrecríticas, de Paloma Vidal, o recente trabalho da Relicário Edições, editora das mais proeminentes no marcado interesse pela literatura do continente, que publicou Alejandra Pizarnik, Sylvia Molloy e Diamela Eltit, e o da Papéis Selvagens, que na coleção Archimboldi publicou Elvio Gandolfo, Adelaide Fernandez Ochoa, Roberto Videla e César Aira, entre outros.

5. Discuto essa questão no artigo "Visibilidade literária e América latina — uma leitura com Bolaño" (Magri, 2018).

6. Como mostram os trabalhos de María del Carmen Villarino Pardo (2011; 2017; 2018).

Nesse contexto de internacionalização, cujo debate público mais vigoroso se deu entre 2011 e 2014, gerando textos e livros bastante significativos, como o de Beatriz Resende, *Possibilidades da nova escrita literária no Brasil* (2014), e o de Agnes Rissardo, "Literatura brasileira, cidadã do mundo" (2016), nos quais aparece mais vivamente a ideia de uma literatura que se torna cosmopolita, que se estrangeiriza, que faz ceder a preocupação com a identidade nacional e com o cenário brasileiro, deixando de ser somente campo importador para ser também exportador. De passagem, gostaria de fazer notar aqui a tensão provocada pela fabricação de uma nova "marca Brasil", como diz Carmen Villarino Pardo, pela política estatal de internacionalização e pelas respostas dadas por alguns livros como *O filho da mãe*, de Bernardo Carvalho, ou *O único final feliz para uma história de amor é um acidente*, de João Paulo Cuenca, ambos escritos como que contra a marca Brasil, investindo em cenários internacionais, depurados da cor local, conforme a proposta do projeto Amores Expressos, que enviou os autores para uma temporada em São Petersburgo e em Tóquio, respectivamente.

Aprofundando o debate da internacionalização, Silviano Santiago publica em 2014, simultaneamente na *Folha de S. Paulo* e no *Estadão*, um ensaio que, pela perspectiva do pós-colonialismo, propõe "pensar o campo semântico da inserção" como um novo paradigma não só para a literatura, mas para a cultura brasileira. Em entrevista a Ewerton Martins Ribeiro, ele diz de modo mais claro: "precisamos fazer com o conceito de inserção o que Antonio Candido fez com o conceito de 'formação' no século 20". Na ocasião, ele não desenvolve ainda o conceito, mas a continuação de seu texto leva a questionar uma inserção tipo "marca Brasil" ainda dentro do paradigma da identidade nacional e deixa muito claro que "no novo paradigma da inserção, a ideia básica é que você tem que passar para um pensamento de tipo cosmopolita" (Santiago, 2015a, s/p).

Ainda que marcando sua diferença em relação ao proposto por Silviano Santiago, no texto "Antropófagos devoradores e seus desencontros: da 'formação' à 'inserção' da literatura brasileira", Alfredo Cesar Barbosa de Melo se propõe a pensar a literatura brasileira a partir do paradigma da inserção, instalando o propósito de seu texto na sustentação da ideia de que "outra dinâmica de poder surge com a inserção da literatura brasileira em países africanos" (2016, p. 42) à diferença do tão ambicionado cosmopolitismo que olha para a Europa ou para os Estados Unidos.

Partindo da ideia de que "a inserção da literatura brasileira só pode ser pensada se levarmos em conta as contingências de seus deslocamentos, com ressignificações inusitadas e imprevisíveis" (2016, p. 44), o autor faz um apanhado de depoimentos de autores africanos para os quais a literatura brasileira teve uma importância fundamental, não no paradigma da formação, fundado no "desejo de ser aquilo que ainda não se chegou a ser", mas pautado por uma "profunda admiração" que se aproxima do tom de igualdade entre culturas e não de simples dependência.

Enquanto a ideia de formação, diz Barbosa de Melo, "pressupõe uma relação hierárquica e normativa, afinal, estamos nos formando para sermos algo que ainda não somos, estamos num estágio anterior àquele que desejamos" (p. 44), o paradigma da inserção "produz representações que igualam" uma e outra cultura. Ou, como fica mais claro à medida que o texto avança, o paradigma da inserção se interessa por uma dinâmica centrífuga: "que é a de como a cultura brasileira se torna fluxo internacional, e quais seriam as implicações teóricas da presença da cultura e literatura brasileira no mundo" (p. 46). Livre, portanto, do peso da tradição ocidental "que nem sempre tem respaldo na realidade", já que, para o autor, e não é difícil verificar a validade de sua afirmação, em sua maioria, o intelectual brasileiro se imagina pertencente à comunidade da cultura ocidental, "cujos principais atores (os sistemas intelectuais dos países centrais) o ignoram solenemente" (p. 48).

O texto de Alfredo Cesar Barbosa de Melo aponta para a constante tensão presente tanto na discussão sobre a literatura mundial quanto na dos diversos enfoques da literatura comparada, oferecendo uma perspectiva capaz de remanejar saídas ao investir no paradigma da inserção para além de uma meta universalizante, que no fim das contas é apenas europeia.

Pensar, portanto, fora de uma perspectiva centro-periferia ou cultura forte *versus* cultura dependente é uma forma emancipadora de pensamento. E parece abrir uma reflexão mais rica, pois, como diz Barbosa de Melo, "o estudo da inserção da literatura brasileira em culturas não-hegemônicas nos leva a pensar em outras possíveis comunidades imaginadas, resultado de outros sentimentos de pertença e de uma outra geopolítica da cultura brasileira" (p. 50).

É esse cenário, o da grande comunidade imaginada da América Latina, que me interessa. Ainda que Mário de Andrade odeie o conceito e, assim como ele, outros críticos contemporâneos — como Evando Nascimento — desconfiem dele, gostaria de sustentar que sua operacionalização contribuiu para a aproximação das literaturas do continente. A discussão sobre se o Brasil "se sente" parte ou não da América Latina,[7] mesmo quando gerada pelo interesse europeu e norte-americano na literatura de língua espanhola do continente, tem gerado iniciativas que se traduzem materialmente numa maior inserção da literatura brasileira nos países vizinhos e vice-versa.

Para Evando Nascimento, partindo de Mignolo e outros estudiosos do conceito que o consideram etnocêntrico e violento por excluir tudo o que não é a latinidade europeia, como as culturas africanas e indígenas, além de ter sido "inventado na Europa", América Latina é um conceito vazio, já que nunca teria existido "nem nunca haverá" continente ou subcontinente assim chamado. Seria necessário deixar de utilizá-lo sob pena de reduzir a multiplicidade desse vasto território a "mais uma identidade" (2016, p. 12).

Vários estudiosos, entre eles Ángel Rama, reconhecem essa exclusão das culturas ancestrais no termo, mas, pelo menos desde o *boom*, as ricas discussões em torno desse conceito compreendem a América Latina como um espaço real e virtual pensado em suas diferenças, não só de língua e colonização, mas de culturas. Pensar a América Latina hoje tem a ver com as tensões que se nutrem em torno de vários países, línguas, culturas, economias e políticas tão diversas quanto o número de países, e, para as questões culturais, ganhamos muito mais pensando-as em torno de interesses comuns — e não de identidade única — frente à planetarização da economia, para ficar com o termo de Spivak, mais profícuo e menos desgastado do que globalização — do que nos encerrando em países. O próprio Evando Nascimento acaba usando o termo "Américas", "na falta de termo melhor" (p. 13). Ou então recorrendo ao uso das aspas, relativizando bastante a afirmação inicial de que "não há nem nunca haverá" América Latina.

É preciso assinalar, sim, o perigo da identidade fixa, homogeneizante, mas negar o pertencimento à América Latina não seria negar também o interesse pela cultura do continente enquanto comunidade imaginada, atualizando a convicção de Borges de que o semelhante não interessa, sublinhando a "repugnância mútua", como diz Aira? Não seria permanecer por demais dependente do olhar europeu? Talvez valha a pena pensar o pertencimento a uma América Latina plural manejando a pergunta de Barbosa de Melo sobre o que acontece quando a nossa literatura "é devorada e ressignificada por

....

7. Abordo esse tópico nos artigos "O Brasil na América Latina: diante de uma ideia de literatura mundial" (Magri, 2019) e "Visibilidade literária e América Latina — uma leitura com Bolaño" (Magri, 2018).

outros que não são os outros de nossa preferência" (Barbosa de Melo, 2016, p. 43). A via de mão dupla pode funcionar: o que acontece com as literaturas dos outros países latino-americanos quando são devoradas pelos brasileiros, os outros que não os de sua preferência?

Quando César Aira diz que a literatura brasileira "teria dado a Borges uma ideia mais rica do poderio de uma literatura *menor*" (2020, p. 2, grifo meu), está colocando em jogo o conceito de Deleuze e Guattari. Todo latino-americano está atuando desde uma literatura menor. Uma literatura que, para existir mundialmente, está o tempo todo pondo à prova todas as categorias literárias, que precisa reinventar a língua constantemente, que está sempre afirmando um entrelugar, como muito cedo, dentro das discussões sobre a América Latina, nos ensinou Silviano Santiago. Uma literatura que se faz opondo "seu caráter oprimido a seu caráter opressor", encontrando "as zonas linguísticas do terceiro mundo onde uma língua escapa" (Deleuze; Guattari, 1977, p. 41).

E, por isso, pensar em América Latina é pensar numa coletividade e não numa identidade. Uma coletividade nem sequer restrita aos limites geográficos da América do Sul e Central, mas que se desterritorializa e se expande acompanhando os escritores e leitores que ocupam outros espaços, outros continentes, nos movimentos de imigração, nos movimentos de inserção promovidos pelos escritores, mas também pelos agentes literários, tradutores, críticos e todos os que trabalham por ela. Uma coletividade virtual que, para existir em sua concretude, precisa que trabalhemos por ela.

Referências

AGUIAR, Flávio. Literatura. *Enciclopédia Latinoamericana*. São Paulo: Boitempo, 2006. Disponível em: http://latinoamericana.wiki.br/es/entradas/l/literatura. Acesso em: 24 mar. 2021.

AIRA, César. *Diccionario de autores latinoamericanos*. Buenos Aires: Emecé/Ada Korn, 2001.

AIRA, César. Desdenhosa ignorância da literatura do Brasil. Trad. Joca Wolff. *Suplemento Pernambuco*, 1 jul. 2020. Disponível em: http://www.suplementopernambuco.com.br/artigos/2512-c%C3%A9sar-ai-. Acesso em: 24 mar. 2021.

ANTELO, Raúl. *Na ilha de Marapatá*: Mário de Andrade lê os hispano-americanos. São Paulo: Hucitec; Brasília: INL, Fundação Nacional Pró-Memória, 1986.

BARBOSA DE MELO, Alfredo Cesar. Antropófagos devorados e seus desencontros: da "formação" à "inserção" da literatura brasileira. *Literatura e sociedade*, v. 21, n. 22, p. 42-54, 2016.

CANCLINI, Néstor García. *Culturas híbridas:* estratégias para entrar e sair da modernidade. Trad. Heloísa Pezza Cintrão e Ana Regina Lessa. São Paulo: EdUSP, 1997.

DELEUZE, Giles; GUATTARI, Félix. *Kafka*: por uma literatura menor. Trad. Julio Castañon Guimarães. Rio de Janeiro: Imago, 1977.

DINIZ, Davidson. Instinto(s) de transnacionalidade: ensaio sobre a sociabilidade nos campos literários argentino e brasileiro, 1840-1940. Rio de Janeiro: FBN, 2015-2017. Disponível em: www.academia.edu/33346115/Instinto_s_de_transnacionalidade._Ensaio_sobre_a_sociabilidade_nos_campos_liter%C3%A1rios_argentino_e_brasileiro_1840_1940_. Acesso em: 24 mar. 2021.

MAGRI, Ieda. Visibilidade literária e América latina — uma leitura com Bolaño. In: MAGRI, I.; MOREIRA, P.; LEMOS, S. *Literatura e crítica contemporânea na América Latina*. Abralic - Associação Brasileira de Literatura Comparada. Série E-book Abralic. Rio de Janeiro, 2018.

MAGRI, Ieda. O Brasil na América Latina: diante de uma ideia de literatura mundial. *Revista Estudos de Literatura Brasileira Contemporânea*, Brasília, n. 56, e5621, jan./abr. 2019.

NASCIMENTO, Evando. Literatura no século XXI: expansões, heteronomias, desdobramentos. *Revista Brasileira de Literatura Comparada*, Niterói, v. 18, n. 28, 2016.

RESENDE, Beatriz. Possibilidades da escrita literária no Brasil. In: RESENDE, Beatriz; FINAZZI-AGRÒ, Ettore (orgs.). *Possibilidades da nova escrita literária no Brasil*. Rio de Janeiro: Revan; Faperj, 2014.

RISSARDO, Agnes. "Literatura brasileira, cidadã do mundo". In: BASTOS, Dau et all (org). *Fórum de Literatura Brasileira Contemporânea: ensaios e entrevistas*. Rio de Janeiro: EdUerj, 2015.

SANTIAGO, Silviano. A literatura brasileira precisa superar o paradigma da formação e entrar no da inserção. *Portal da UFMG*, 10 mar. 2015a. Disponível em: www.ufmg.br/online/arquivos/037483.shtml. Acesso em: 24 mar. 2021.

SANTIAGO, Silviano. A literatura brasileira à luz do pós-colonialismo. *Folha de S. Paulo. Ilustríssima*. 15 set. 2015b. Disponível em: www1.folha.uol.com.br/ilustrissima/2014/09/1511606-a-literatura-brasileira-a-luz-do-pos-colonialismo.shtml. Acesso em: 24 mar. 2021.

SCHWARTZ, Jorge (org.). *Borges no Brasil.* São Paulo: Ed. da Unesp; Imprensa Oficial do Estado, 2001.

SONTAG, Susan. *Questão de ênfase*: ensaios. Trad. Rubens Figueiredo. São Paulo: Companhia das Letras, 2005.

SONTAG, Susan. *Ao mesmo tempo*: ensaios e discursos. Trad. Rubens Figueiredo. São Paulo: Companhia das Letras, 2008.

SORÁ, Gustavo. *Traducir el Brasil*: una antropología de la circulación internacional de ideas. Buenos Aires: Libros del Zorzal, 2003.

TOMASINI, Silvina Julia. *O Brasil dos argentinos*: os romances cariocas de Manuel Puig. Tese de doutorado. Rio de Janeiro: UERJ, 2019.

VILLARINO PARDO, M. Carmen. Dinâmicas de exportação para a literatura brasileira na primeira década do século XXI. *Brasil/Brazil. A Journal of Brazilian Literature*. Brown University/Fundação Érico Veríssimo-Porto Alegre, n. 44, p. 52-63, 2011.

VILLARINO PARDO, María del Carmen. Literatura brasileira atual e desafios do contemporâneo. *Abriu,* v. 6, p. 9-14, 2017.

VILLARINO PARDO, María del Carmen. El papel de los agentes literarios en las dinámicas de campo: el caso de Brasil en la actualidad. *Iberoromania,* v. 88, p. 203-217, 2018a.

VILLARINO PARDO, María del Carmen. Las ferias internacionales del libro y la condición de invitado de honor: Un escaparate (también) para la promoción de la lectura en el exterior? *Estudos de Literatura Brasileira Contemporânea,* v. 1, p. 161-176, 2018b.

Relatos à deriva: experiência e escritura em María Sonia Cristoff

Wanderlan Alves (UEPB)

> *No narrador, o cronista conservou-se,*
> *transformado e por assim dizer secularizado.*
> (Walter Benjamin, "O narrador")

María Sonia Cristoff aparece frequentemente associada à crônica e às chamadas escrituras de não ficção, especialmente em seus dois primeiros livros, *Falsa calma* (2005) e *Desubicados* (2006), que ela mesma identifica a tais gêneros, e ao relato de viagem, pelo qual seu interesse é evidente. Essas escrituras apresentam uma relação com a escuta e o deslocamento que possibilitam a reivindicação desses gêneros, mesmo que nem sempre eles sejam suficientes para classificar seus relatos. Nesse sentido, a escritura emerge da experiência de ver e percorrer espaços e situações que, pela ótica do sujeito, aderem ao relato a partir de um esforço contínuo de capturá-los por meio da linguagem. Em *Falsa calma*, na apresentação do livro em que narra suas observações sobre episódios de uma viagem por povoados e pequenas cidades semiesquecidos da Patagônia argentina, a autora conta um pouco sobre a própria escritura:

> Los cuentos llegaban a mí, la atmósfera me tomaba de ventrílocua. De ahí surgió la voz bifronte que cuenta lo que sigue: todo el tiempo traté de mantener el control pero, tengo que reconocerlo, hay momentos en los que esa atmósfera habla a través de mí (2005, p. 9).

No fragmento, a insistência na escuta aparece como algo inescapável, assim como certo estado de vigília que ela parece induzir e que também é via de articulação entre a captura da experiência e o ato de narrar. Em *Desubicados*, por exemplo, os relatos são desencadeados pela insônia, por ruídos de vizinhos, pelo barulho da vida urbana numa grande cidade, experiências que motivam a escritura. A "voz bifronte" emergiria justamente das fraturas que esse processo de captura cria, entre o mero escutar e a conversão da escuta em relato, a partir de notas, registros e da memória. Porém, é um tanto difusa a vinculação da escritura de Cristoff à crônica pura e simplesmente, especialmente pela amplitude semântica de sua reivindicação desse gênero. Se em *Desubicados* certa sensação de que o relato "acontece", o tom de conversa que perpassa a narrativa, a coloquialidade que se imprime ao modo de narrar e a variedade de assuntos incorporados ao relato — traços constitutivos da crônica moderna, segundo Antonio Manoel dos Santos Silva (2006) — aproximam sua escritura desse gênero, por outro lado, o próprio entrelaçamento dos episódios confere ao conjunto certa unidade que problematiza a brevidade mais característica da crônica moderna e nos permite pensar o conjunto de fragmentos como um relato maior, cujas partes formam uma espécie de sequência articulada pelos temas e motivos do deslocamento e do isolamento e pela figura do narrador, que é sempre o mesmo.

Por sua vez, em *Falsa calma*, a exploração insistente das "relaciones entre escritura y movimiento (el viaje, la caminata, el paseo)" (Sánchez Idiart, 2020, p. 53) tanto vinculam os relatos à crônica — especialmente àquela que se notabilizou com o modernismo hispano-americano e que associou a experiência da viagem do cronista ao desejo de atualização do leitor — quanto ao seu sentido genérico ligado à tradição dos viajantes, descobridores e colonizadores no Novo Mundo, cujos registros constituem um arquivo fundamental das origens da ficção latino-americana em prosa (Mignolo, 1992; Echevarría, 2011). Aliás, alguns dos motivos que a autora identifica nos relatos de viagem, reunidos em *Acento extranjero,* aparecem em *Falsa calma,* atualizados a um contexto mais moderno, como tópicos literários: a natureza, a religião, a experiência, o ócio.

Desse modo, a errância, o olhar, o ouvir e o caminhar funcionam como vetores da escritura por meio dos quais as narrativas se inscrevem numa ampla genealogia do relato (romance, crônica e conto), ao mesmo tempo em que a "falta de motivación clara y la inclinación a dejarse llevar por lo que ofrece la experiencia del viaje anticipan la receptividad y cierta pasividad que caracterizan a la narradora" (Sánchez Idiart, 2020, p. 61). Tal indefinição genérica, talvez característica do literário como tal, configura-se para a autora num espaço de liberdade criativa cujas "reglas van surgiendo de las luchas que cada escritor en la construcción de su poética, entabla con lecturas y precursores y polémicas y apuestas y fantasmas" (Cristoff, 2014a), o que, no caso de seus textos, também colabora para a figuração do narrador como leitor.

Esse pertencimento escorregadio a categorizações confere aos relatos uma feição muito contemporânea, especialmente num contexto em que os postulados já quase convertidos em paradigmas meio consensuais acerca da pós-autonomia apostam na escritura como uma deriva que é e não é literatura, que é realidade e ficção ao mesmo tempo, como "en posición diaspórica" (Ludmer, 2007). O jogo (de inscrição e desinscrição) com a crônica permite que essas narrativas de Cristoff explorem aquilo que Jacques Derrida (1980) propusera como a lei constitutiva do *gênero* em si mesmo, isto é, o princípio da contaminação, o transbordamento, a participação sem pertencer. Isso faz com que a percepção das formas narrativas tenda a certo esvaziamento cujo enfoque recai sobre a deriva dos gêneros e sua transitividade, colocando em evidência o caráter transdiscursivo dos textos, mais do que uma questão de gênero (Tejero Yosovitch, 2020).

Em *Falsa calma* e *Desubicados*, a configuração anfíbia da escritura repele e reforça simultaneamente seus vínculos com a crônica, ao apontar para um desejo de realidade e para formas discursivas heterogêneas como elementos centrais da narrativa. Da crônica modernista sua escritura herda, pois, o interesse por uma "primera persona que narra a la vez que se va convirtiendo en ese relato" (Cristoff, 2014b), ao passo que dos cronistas da tradição colonial ela recupera o interesse pelo desconhecido, pelo detalhe (mas sem o pitoresquismo) e por percorrer, obsessivamente, todos os lugares que possam proporcionar-lhe uma história: "Dispuse de una infinidad de horas para recorrer pueblos cuyo perímetro se recorre en una sola" (Cristoff, 2005, p. 9).

Nesse sentido, os relatos de Cristoff fazem da noção difusa de crônica uma espécie de avatar da própria literatura contemporânea em prosa bastante de acordo com a abertura proporcionada pelas escrituras do eu, a hibridização dos gêneros e a inespecificidade estética na literatura das últimas décadas. Ao resgatar traços constitutivos da crônica moderna e do relato de viagem, dando-lhes nova roupagem, a autora reconecta as pontas da longa trajetória desses gêneros nas letras hispano-americanas, conduzindo a escritura (novamente) à literatura, justamente numa época em que são abundantes os diagnósticos de que a literatura se perdeu.

Experiência e relato

São comuns os trechos em que a narradora de Cristoff aparece observando, escrevendo, lembrando, em *Desubicados* e *Falsa calma*, o que aponta para seu "lento trabajo de recolección y puesta en serie de relatos y materiales" (Sánchez Idiart, 2020, p. 64). Geralmente, sua enunciação marca um agora que aproxima o narrado da própria escritura e coloca em evidência o sujeito que escreve. Em *Desubicados* são recorrentes marcações enunciativas como "ahora que lo pienso", "donde estoy ahora", "ahora que me acuerdo", que flagram a narradora vivendo aquilo que experimenta e se esforça por relatar, seja em seu PH em Palermo, seja no zoológico para onde vai sempre que se sente excessivamente perturbada pela convivência diária e pelo cotidiano. Nesse sentido, a narradora se identifica com a condição dos animais enjaulados ali — "Vengo acá cuando me siento exactamente como ellos" (Cristoff, 2006, p. 58) —, o que lhe confere uma perspectiva deslocada que singulariza seu ponto de vista sobre o que existe ou ocorre a seu redor. Segundo conta, ela procura "una grieta por la cual yo pudiera captar al menos algo de un lugar o entrar en ese estado en el que la ajenidad se percibe como un gusto y no como un conflicto" (2006, p. 87). Como se nota, há um esforço de captura de uma outra dimensão (experiência?) que se apresenta para ela como única alternativa capaz de tornar suportável a vida cotidiana.

Por sua vez, em *Falsa calma* o leitor se depara com observações como esta: "Entrar en el campo es como entrar en otra dimensión. Al rato de andar se apodera de uno una especie de aturdimiento, un estupor ante nada en particular" (Cristoff, 2005, p. 144). Não se trata de mitificar tais espaços — o do zoológico ou o do interior da Patagônia —, nem há nesses relatos qualquer aposta numa experiência plena identificada a um passado perdido ou mítico. Ao contrário, o choque da vida moderna nas grandes cidades subjaz a eles, mas o que se destaca nos relatos é a percepção decorrente do estado de tédio da narradora, em *Desubicados*, ou de curiosidade e estrangeria, em *Falsa calma*, que, no entanto, aos poucos se torna um verdadeiro peso, já que ela se vê capturada e convertida numa "depositaria de relatos" (Cristoff, 2005, p. 53).

A narradora opera uma espécie de canibalismo de múltiplos relatos, histórias e conversas ouvidas diariamente, de onde emerge a "voz bifronte" que, no entanto, pode tornar-se um verdadeiro tormento para ela. A "crónica avanza hilvanando relatos de origen diverso, confrontando voces y deslizándose entre el ensayo y la narración, entre la formulación y discusión de hipótesis y el desenvolvimiento de la trama" (Sánchez Idiart, 2020, p. 65). Em *Falsa calma*, no fragmento 7, durante sua estadia em El Caín, a narradora relata que faz o possível para não ser obrigada a contar histórias sobre o que viu em sua caminhada ao longo do dia, que isso a incomoda: "Quieren que les cuente. Invento casi todo, salvo cuando me preguntan si en algún momento de la caminata tuve miedo" (Cristoff, 2005, p. 126).

Por outro lado, há que observar que não há equivalência imediata entre experiência e relato, nesses textos. A narradora esforça-se por articular a experiência ao relato, mas não como reprodução de algo (ouvido ou visto), e sim como uma espécie de lição *de* escritura que é fruto de um processo apenas parcialmente controlado. Ora esse sujeito da escritura aparece escrevendo, ora lendo, ora tomado pela insônia — motivo frequente em ambos os livros —, e é nessas horas que a experiência transpõe-se para o relato, seja como escritura que cria o texto que lemos, seja como aprendizado a partir das observações acerca das quais escreve, e nesse caso emerge para si uma lição *da* escritura, para remeter aqui à bela "Lição da escritura" de Lévi-Strauss analisada por Derrida em *Gramatologia* (1973). Há, também, nesses motivos da escrita e do lembrar associados ao escrever, traços do diário, especialmente porque o ato de escrever aparece simultaneamente ao narrar, como prática que se faz em qualquer lugar, ligada à circunstância e ao registro de impressões, em que "uma anotação circunstancial ou a lembrança de uma cena podem manifestar as experiências íntimas que as perpassam quase imperceptivelmente" (Giordano, 2017, p. 182).

Como argumentara Walter Benjamin, em "Experiência e pobreza" e "O narrador", a transmissão de experiências plenamente comunicáveis teria se tornado impossível ao homem moderno, mas isso não significa, entretanto, que a experiência tenha desaparecido. O próprio filósofo alemão comenta que os soldados que voltaram da Grande Guerra não retornavam com menos experiências, e sim com mais, mas elas não podiam ser transmitidas, não eram comunicáveis no sentido formador, prático e eticamente constitutivo dos relatos da tradição, isto é, não podiam converter-se em aprendizado. No contexto da informação e da fragmentação da experiência perceptiva acarretada pelo jornal e pela vida urbana nas metrópoles modernas, não haveria mais as condições de escuta e maturação das histórias que, na experiência plena ancorada na tradição, inscreviam-se numa temporalidade que lhe é constitutiva. Desse modo, escrever a experiência se torna o desafio impossível, segundo o crítico. Não à toa, ele defende que Nikolai Leskov é um escritor que se aproxima do narrador da tradição, mas que não é um deles.

A disjuntiva, no entanto, aponta para uma fratura, pois, não sendo um narrador da tradição, Leskov teria acumulado ao longo de sua vida e de suas viagens uma série de percepções, aprendizados e vivências que, se não podiam mais ser transmitidos de geração em geração, também não desapareciam totalmente do horizonte de seu relato, nas análises de Benjamin. No caso de Cristoff, o desejo de plasmar a experiência na escritura manifesta-se de diferentes modos, mas especialmente (1) na tentativa de resgatar figuras tradicionalmente ligadas à arte de narrar, como aquelas que contam suas vivências, as histórias locais, suas angústias e aquilo que ouviram dizer ao longo de suas vidas e de suas idas e vindas, nos povoados visitados por ela em *Falsa calma*; e (2) no esforço de transformar a viagem, as impressões que ela desencadeia e o registro do deslocamento em relato.

Não é difícil identificar nessas figuras e nesse gesto traços tradicionais do narrador apontados por Benjamin: o viajante e o comerciante sedentário. Esses narradores arquetípicos possibilitam um contraponto à escritura de Cristoff, exercendo uma dupla função: reiterar a impossibilidade ou inviabilidade da experiência plena e comunicável no contexto das grandes metrópoles, no que a narradora se identifica à *flâneuse* em *Desubicados*, especialmente por sua insistência numa atmosfera marcada pelo tédio e pela busca por percorrer lugares que lhe ofereçam um ponto de vista singular do cotidiano (como o zoológico); ou encarnar a figura do cronista como viajante em *Falsa calma*, em cujos relatos a narradora não distingue entre grandes e pequenos eventos, filtrando-os pela ótica da curiosidade e da subjetividade. Por sua vez, como personagem, essa mesma narradora/cronista/*flâneuse* converte-se em ouvinte cativa desses relatos, que ela tenta expurgar ao escrever, o que aponta para a experiência aqui identificada não a algo necessariamente portador de um aprendizado, mas àquilo que a afeta (ruídos, intrusões dos outros, impossibilidade de ler ou escrever em razão das condições a seu redor).

Cristoff não é um narrador da tradição, mas traços deste disseminam-se em sua narrativa a partir das figuras do narrador sedentário, do narrador viajante e do ouvinte implicado em ambos os casos. A escritura decorre tanto do esforço de registrar sua própria experiência (como ouvinte e como viajante, seja pela cidade, seja pelo interior da Patagônia) quanto das experiências relatadas pelos outros. Por essa via, a crônica de Cristoff resgata um traço fundamental do narrar associado à tradição e ao cronista: a narrativa "não está interessada em transmitir o 'puro em si' da coisa narrada como uma informação ou um relatório. Ela mergulha a coisa na vida do narrador para em seguida retirá-la dele. Assim se imprime na narrativa a marca do narrador, como a mão do oleiro na argila do vaso" (Benjamin, 1987, p. 205).

Em "O que é reprodução mecânica", Robert Hullot-Kentor observa que a origem (da obra) e a experiência à qual essa origem se vincula não coincidem com seu início cronológico, com um determinado objeto primeiro e original, não sendo algo palpável, mas "sua meta; o que há de original na obra vai além desta" (2009, p.15). Nos relatos de Cristoff as impressões pessoais e o exercício de imprimir a própria marca no registro sobre o visto ou ouvido funcionam como "a mão do oleiro na argila do vaso" mencionada pelo crítico alemão, inscrevendo novamente o relato no âmbito da experiência e criando uma imagem difusa de si na própria escritura. Destaca-se, pois, o esforço da narradora para (con)fundir a experiência (a própria ou a relatada por outros) com a escritura, como se nota no fragmento seguinte, de seu segundo livro:

> Sigo tirada en este banco, sin abrir los ojos. Escucho canciones, fotógrafos que ofrecen sus servicios, los autos que pasan por Libertador, los colectivos que pasan por Las Heras, la gente que camina por las sendas, los comentarios irreproducibles y escucho, sobre todo, una avalancha de frases emitidas por criaturas sobreexcitadas (Cristoff, 2006, p. 26).

No fragmento, o aqui e agora da enunciação procura articular os eventos ao redor à sua captura pela narração. A insistência no tempo presente como principal forma verbal procura conjugar o que a narradora experimenta e o registro de tais vivências, de modo que a narrativa aproxima-se da anotação. Como procedimento, a anotação é fundamental nesses textos, pois, além de capturar fragmentos do real, aponta para outra experiência fundamental à escritura de Cristoff: a preparação. São artigos acadêmicos, filmes, leituras e documentários cujas marcas aparecem ao longo dos textos: "Así consta en la película..." (Cristoff, 2006, p. 38); "Hace poco leí que..." (2006, p. 42); "ese chimpancé que vi en zoológico de La Plata" (2006, p. 43). Trata-se de procurar elementos que desencadeiem o relato, e, ao mesmo tempo, a partir deles, ocupar uma posição de observador que lhe garante a possibilidade de narrar. Se essa posição se inverter, tal possibilidade é eclipsada, como em certos momentos de *Falsa calma*:

> Y entonces la trampa está tendida: el cronista pasa de ser observador a observado. El material se da vuelta, como el anorak reversible de la infancia, y lo escrutiña, lo pone a uno en la escena. Entonces hay que huir, correr a esconderse como si uno perteneciera a una especie que no puede exponerse a cierta luz (Cristoff, 2005, p. 52).

Desse modo, o jogo da captura mostra-se arriscado, já que, no desejo de aproximar o Real à escritura a partir da experiência (viagem, escuta, deslocamento), o sujeito da escritura corre o risco de tornar-se parte da teia que criou e, então, não mais poder distanciar-se dela, apesar da consciência de que é hora de fugir. O próprio momento em que a cronista se vê absorvida por sua própria máquina de narrar é prova de que já não é mais possível escapar de seu relato, visto que também o integra. Qualquer coisa que conte incorpora-se à sua crônica. Em *Desubicados*, por exemplo, a narradora começa a falar sobre o código dos zoológicos e, de repente, está narrando sua própria viagem à Austrália e seus dramas pessoais (Cristoff, 2006, p. 84-95). Passa-se do desejo e da fantasia da forma — a crônica da experiência — ao relato alcançado e não necessariamente coincidente com a forma fantasiada, porém marcado pela capacidade de afecção.

O relato buscado e desejado (como escuta, mas também como narração) se manifesta, então, como algo de que se quer distância ou que se torna momentaneamente impossível: "Leo, más que escribo" (Cristoff, 2005, p. 58). "No es fácil ponerse a hacer lo que se ha mirado demasiado, mucho menos lo que se ha deseado demasiado" (2005, p. 30), diz a personagem Francisco, no segundo dos relatos de *Falsa calma*, e o sentimento é semelhante ao da narradora quando se vê assediada pela avalanche de histórias e impressões que a cerca. Em vez de eliminar a distância entre si e aquilo que escuta, vê e percebe, a escritura de Cristoff emerge como uma recolocação em distância (do outro, de suas histórias, dos espaços percorridos), como tentativa de recuperar para si um lugar aberto à experiência que não esteja subsumido ao choque nem à adaptação.

Alguns procedimentos são fundamentais nesse processo de aproximação e distanciamento. O primeiro deles é a digressão, por meio da qual a narradora se afasta de suas impressões ou daquilo que vê ou escuta, trazendo para a superfície do relato sua própria enunciação: "¿Cuál será ese mecanismo por el cual el pulso de la caminata se entrelaza con el de la escritura?" (Cristoff, 2005, p. 125). Ou, ainda: "Es increíble cómo las frases más banales, las menos dedicadas, son siempre las más capaces de afectarnos: será porque están dichas sin ninguna voluntad de herirnos y entonces adquieren un valor de verdad que en otros casos la sospecha de malicia anula" (Cristoff, 2006, p. 104-105). Nesse movimento de deslocamento, que é tanto geográfico quanto escritural, viagem e experiência articulam "el acercamiento a la red de textos que operan en su práctica, y que adquieren mayor jerarquía que la verdad de los textos narrados" (Tejero Yosovitch, 2020, p. 102). Por essa via, a própria escritura emerge como experiência, se não comunicável, como experiência sensível, literatura.

O outro procedimento é a écfrase, um dos mais recorrentes em *Falsa calma*, que funciona como um aparelho de gravação, mas, ao mesmo tempo, aproxima o relato da fotografia e do cinema, em sua tentativa de flagrar e congelar um momento ou um evento:

> La foto debe tener cinco años, no más. [...] Sobre el costado derecho hay una mujer de pelo corto que tiene un mechón blanco a lo Susan Sontag y que está flanqueada por dos más flacas, más sumisas. Es evidente la centralidad de la Sontag apócrifa: me pregunto si ese liderazgo se habría planteado ya en la adolescencia o si, de pronto, esa noche del reencuentro, las otras dos se vieron atraídas por el magnetismo inesperado, todavía incomprensible, que les generó la que siempre habían compadecido (Cristoff, 2005, p. 11).

No fragmento, além da descrição da cena, que a narradora observa como se a desvendasse, atribuindo-lhe um sentido possível que faz de seu relato uma espécie de especulação, procedimentos como a hipótese e a comparação ganham importância, funcionando como vias de aproximação de um tempo e de uma experiência alheios que não podem ser extraídos da fotografia, mas apenas conjecturados por quem a observa. O caráter aparentemente documental e temporalmente congelado impresso na fotografia contrasta com a sobreposição da figura do narrador, que, descrevendo-a, manipula-a, altera-a, dota-lhe de sentidos que colocam em evidência sua mão/voz e também marcam uma fronteira entre a informação e o relato, sugerindo, inclusive, que a experiência aqui já é a da própria escritura, e não algo vivido no passado daquilo que a fotografia mostra. A experiência que importa ao relato de Cristoff é a da escritura desse relato.

Fantasmas da escritura

Em *Falsa calma* são frequentes as tentativas da narradora de escapar das interrogações dos transeuntes e curiosos: "Me preguntan qué hago aquí, rodeada de libros y papeles, pero yo tengo siempre en la punta de la lengua algún tema que me salve de contestar" (Cristoff, 2005, p. 57). E em *Desubicados* ela fala na "trampa para la que ya no hay vuelta atrás" (2006, p. 101). Neste livro, a narradora explicita a razão dessas esquivanças, a impressão de que está sempre chegando a um determinado lugar pela primeira vez e que sempre precisa começar do zero: "Todo: conocer la gente, armarme una historia, entrar en un código, ocultar mi desamparo y ese estado de extranjería permanente que, tal vez para simplificar, adscribo al hecho de 'ser del interior'" (2006, p. 93).

Aqui a relação com o interlocutor passa a ser motivo de desconforto, insatisfação, isolamento, esquivança, e a relação com o outro é de tensão. Por um lado, do contato com o outro irrompe uma "sobrecarga de información [que] va formando en uno un tipo especial de soledad, única, distinta a cualquier otra" (2005, p. 51). Por outro, o "encanto no se rompe instantáneamente de los dos lados, ése es el problema. Los perros me dan su mensaje pero yo no quiero irme" (2005, p. 56). Ante a avalanche de informações que podem dar origem a seus relatos, que a condena a uma solidão singular, e ante a perda gradativa do interesse que ela desperta por onde passa, surge uma fratura, uma espécie de interesse residual ("yo no quiero irme"), ao mesmo tempo que não haveria mais lugar para si nesse espaço. Sua experiência de escritura coaduna-se à figura (ou desfigura) do fantasma, cuja existência situa-se justamente no limiar da interpelação, num jogo de distância e proximidade.

Alberto Moreiras, ao tratar do que chama de não sujeito do político, refere-se a uma figura esquiva cuja configuração fantasmática nos permite pensar, aqui, na relação entre escritura e interpelação em Cristoff, e como a experiência incorpora-se nessa relação tanto como experiência *de* escritura quanto como experiência *da* escritura. Segundo o crítico, essa é uma figura que

> permanece não interpelada, de fato além da interpelação, não porque a interpelação nunca a alcança, mas porque ela marca o próprio limite da interpelação. [...] o instante em que sua interpelação acontece é também o instante em que ela mesma deixa de existir. [...] [Também] é a figura que chega absolutamente, independentemente das expectativas, um visitante em vez de um convidado, um evento que pode ou não produzir medo e tremor, pode ou não produzir interpelação, mas cuja condição de possibilidade, cuja imanência é justamente um deslocamento da interpelação, um excesso dela (Moreiras, 2004, p. 2, tradução minha).

Essa presença fantasmática situada no limiar da interpelação talvez ofereça uma imagem próxima da experiência elaborada por Cristoff em seus relatos-crônicas, assim como daquela liberdade de que a autora fala ao tentar conceituar a crônica conforme a concebe (Cristoff, 2014a). O esforço constante para não converter-se no observado, o interesse por resguardar a relação com seus "informantes", a intimidade separada apenas por uma linha tênue que ameaça romper-se, tudo isso faz do sujeito da escritura uma figura deslocada, não um convidado nem um inimigo, e sim alguém que "chega", mas ao mesmo tempo "sempre esteve lá", familiar e não familiar, uma presença que só se preserva não interpelada enquanto é capaz de manter-se à deriva: "por venir a El Caín he sido víctima del topónimo, y estoy ahora condenada a andar errante por la vida. 'Errante y en perpetuo miedo'" (Cristoff, 2005, p. 136).

Esse não pertencimento absoluto lhe confere a possibilidade de observar e esmiuçar as histórias e os lugares por onde passa, tomando-os pelos bastidores sem perder o interesse por eles, como a criança que brinca com a bolinha de meia, na anedota contada por Benjamin em *Rua de mão única. Infância berlinense: 1900.* A escritura aparece, pois, como uma intrusa, que gera literatura ao mesmo tempo que a questiona, enfrentando "a esa silueta que interviene, a esa especie de fantasma que no necesariamente se incorpora a un adentro sino que más bien, si pensamos en la figura del texto como túnel, el texto como un lugar de paso, una silueta que transita y deja huella, se vuelve indisoluble" (Cristoff, 2014a).

Novamente, a reivindicação da experiência ganha importância, aqui figurativizada como pegada e como provisoriedade, lugar de passagem. Nesses relatos de Cristoff, qualquer lugar pode emergir como desconhecido. E a "verdade" de que fala María Moreno (2005) a respeito do movimento preservado na crônica contemporânea limita-se a ser, nessas escrituras, apenas breve momento de experiência ou de captura, de identificação momentânea que logo se converte em esquivança e faz da narradora uma espécie de não amigo absoluto, guardiã de relatos, figura do cronista como uma espécie de "trapeiro" que não só recolhe histórias mínimas, mas também, ao mesclá-las e intervir nelas a partir da própria subjetividade, descortina pontos de vista e singulariza o relato e sua construção.

Referências

BENJAMIN, W. *Obras escolhidas 1*: magia e técnica, arte e política. Trad. Sérgio Paulo Rouanet. 3. ed. São Paulo: Brasiliense, 1987.

BENJAMIN, W. *Rua de mão única*: infância berlinense: 1900. Trad. João Barrento. Belo Horizonte: Autêntica, 2013.

CRISTOFF, M. S. (org.). *Acento extranjero.* Buenos Aires: Sudamericana, 2000.

CRISTOFF, M. S. *Falsa calma.* Buenos Aires: Seix Barral, 2005.

CRISTOFF, M. S. *Desubicados.* Buenos Aires: Sudamericana, 2006.

CRISTOFF, M. S. La libertad es un campo minado. *Anfibia*, 2014a. Disponível em: http://revistaanfibia.com/ensayo/la-libertad-es-un-campo-minado/. Acesso em: 25 mar. 2021.

CRISTOFF, M. S. El escritor que perseguía utopías posibles. Cultura. *La nación*, 5 dez. 2014b. Disponível em: www.lanacion.com.ar/cultura/el-escritor-que--perseguia-utopias-posibles-nid1749686/. Acesso em: 25 mar. 2021.

DERRIDA, J. *Gramatologia.* Trad. Miriam Schnaiderman e Renato Janine Ribeiro. São Paulo: Perspectiva/EdUSP, 1973.

DERRIDA, J. La ley del género (La loi du Genre). Trad. Ariel Schettini (*ad hoc*). (exemplar xerocopiado). Originalmente publicado em: *Glyph*, n. 7, p. 176-201, 1980.

ECHEVARRÍA, R. G. *Mito y archivo*: una teoría de la narrativa latinoamericana. Trad. Viginia Aguirre Muñoz. 2. ed. México: FCE, 2011.

GIORDANO, A. *A senha dos solitários*: diários de escritores. Trad. Rafael Gutiérrez. 2. ed. Rio de Janeiro: Papéis Selvagens, 2017.

HULLOT-KENTOR, R. O que é reprodução mecânica. *Remate de males*, v. 29, n. 1, p. 9-23, 2009.

LUDMER, J. Literaturas postautónomas. *Ciberletras – Revista de crítica literaria y de cultura*, n. 17, 2007. Disponível em: www.lehman.cuny.edu/ciberletras/v17/ludmer.htm. Acesso em: 25 mar. 2011.

MIGNOLO, W. Cartas, crónicas y relaciones del descubrimiento y la conquista. In: MADRIGAL, L. Í. (org.). *Historia de la literatura hispanoamericana.* Tomo I. Madrid: Ediciones Cátedra, 1992, p. 57-116.

MOREIRAS, A. Children of Light: neo-paulinism and the cathexis of difference (I). *The Bible and Critical Theory*, v. 1, n. 1, p. 3-13, 2004.

MORENO, M. Escritores crónicos. Radar libros. *Página 12*, 7 ago. 2005. Disponível em: www.pagina12.com.ar/diario/suplementos/radar/9-2425-2005-08-07.html. Acesso em: 25 mar. 2021.

SÁNCHEZ IDIART, C. Entrenar la mirada: la escritura del viaje en María Sonia Cristoff. *Literatura: teoría, historia, crítica*, v. 2, n. 1, p. 51-69, 2020.

SILVA, A. M. S. *Os bárbaros submetidos – interferências midiáticas na prosa de ficção brasileira.* São Paulo: Arte e Ciência/Unimar, 2006.

TEJERO YOSOVITCH, Y. N. Crónica indómita: la genericidad de la no ficción en dos ensayos de María Sonia Cristoff. *Estudios de teoría literaria. - Revista digital de artes, letras y humanidades*, v. 9, n. 20, p. 97-105, 2020.

Escrita performática na crítica contemporânea: uma reflexão a partir de *El tiempo de la convalecencia*, de Alberto Giordano

Renata Magdaleno (ESPM)

Em 2004, o estilista Jum Nakao ficou mundialmente conhecido ao vestir modelos com luxuosas e trabalhosas roupas feitas de papel vegetal, com rendas, drapeados e vazados, na São Paulo Fashion Week, o evento de moda mais famoso do país. Em determinado momento do desfile, as modelos rasgavam as roupas, desperdiçando as centenas de horas de trabalho dedicadas à costura das peças. Na cabeça, usavam perucas que imitavam o penteado de bonecos Playmobil; por baixo, macacões negros e justos ao corpo, todos exatamente iguais. O que as diferenciava era efêmero e, em segundos, se desmoronava no chão em pedaços. A performance *Costura do invisível* deixou a plateia sem palavras e foi a mais destacada notícia do evento no dia seguinte, nos principais jornais do país. A ação gerou discussões de especialistas e pensadores sobre o caráter efêmero da moda e os desperdícios da indústria do consumo.

Ao escolher escrever sobre o livro do crítico argentino Alberto Giordano *El tiempo de la convalecencia: fragmentos de un diario en Facebook*, era o desfile de Jum Nakao que me vinha à cabeça. A performance criada pelo estilista enfatizava a sua reflexão crítica. O texto de Giordano, na minha análise, se aproxima nesse ponto, ao realizar uma espécie de performance literária, que enfatiza o lado crítico da obra.

Nos últimos anos, Giordano virou uma referência na Argentina quando o assunto diz respeito aos diários de escritores e escritos íntimos. *Una posibilidad de vida* (2006) e *A senha dos solitários* (2016), este último publicado no Brasil pela editora Papéis Selvagens, são exemplos de livros do autor dedicados ao tema. Giordano desenvolveu o termo "giro autobiográfico" para detectar uma tendência na literatura contemporânea argentina. O crítico percebe uma explosão de diários, cartas, textos ficcionais, blogs de escritores, além de poemas e ensaios críticos que, a partir dos anos 2000, passaram a ignorar as fronteiras entre ficção e vida (Giordano, 2008). Reflexão que é possível estender para além das fronteiras do país. No Brasil, por exemplo, o escritor Ricardo Lísias[1] seria um exemplo de autor que passou a publicar textos literários autoficcionais, que ignoram os limites entre ficção e realidade, além das fronteiras entre os gêneros. Giordano escreve textos acadêmicos com estilo literário, se colocando em primeira pessoa e mesclando análises críticas com aspectos pessoais.

Em 2014, Giordano começava a escrever um diário em seu perfil pessoal no Facebook. Nos *posts*, declarações íntimas sobre etapas de uma depressão, mescladas com comentários sobre literatura e publicações de outros escritores. Toda a experiência aparece como uma grande reflexão sobre a intersecção entre escrita íntima e mídias sociais. Em *El tiempo de la convalecencia*, o livro-diário com as entradas do Facebook, publicado em 2017, o estilo aparece como uma posição pensada e defendida, reforçando o pensamento de que a crítica deve se aproximar da literatura e não reduzi-la apenas a objeto de estudo. Numa das entradas, por exemplo, lembrando da resenha que um de seus livros recebeu, assinada por Daniel Molina, no início da década de 1990, afirma:

> La reseña era generosa, pero nada condescendiente. Molina decía simpatizar con la perspectiva de conjunto — la idea de que la crítica debe intimar con la literatura y no reducirla a objeto de juicio o conocimiento —, pero notaba que pocos de los ensayos reunidos cumplían con esa exigência. El autor — explicaba el reseñista — indica ló que conviene hacer, y nos persuade con buenos argumentos de la necesidad de hacerlo, pero él mismo rara vez ló hace (Giordano, 2017, p. 44-45).

....

1. No mesmo ano de publicação do diário virtual de Giordano, Lísias publicou *Delegado Tobias*, um *e-book* publicado no formato de folhetim, que trata da história do assassinato de Ricardo Lísias e tem o próprio autor como principal suspeito. O escritor também extrapolou os limites do livro digital, ao fazer com que a narrativa pulasse do *e-book* para o Facebook, onde o delegado Tobias, personagem que investigava o crime, tinha um perfil e discutia com o próprio autor, com a participação de leitores que acompanhavam a história. A experiência de Lísias também pode ser definida como uma performance literária.

El tiempo de la convalecencia é bem-sucedido nessa aproximação, se considerarmos que, apesar de se autoclassificar como uma coletânea de fragmentos de um diário, pode também ser considerado um texto híbrido, mescla de escrita íntima com ensaio crítico. Após um longo período de depressão, Giordano resolve escrever anotações que, pouco a pouco, o conectem com sua escrita. "Obrigado" a frequentar uma casa de fim de semana, longe da rotina urbana, resolve escrever entradas a cada domingo, que o distraíssem da falta de programação. Desde o início, a prática já tem a intenção de se transformar em um livro, com um tempo limitado de sobrevivência.

Em texto publicado na época do lançamento de *El tiempo de la convalecencia*, no jornal *Página 12*, da cidade de Rosário, onde vive o autor, Giordano comenta:

> Apenas comenzado el tiempo de la convalecencia, empecé a llevar un cuaderno de apuntes en Facebook, que enseguida tomó la apariencia y cumplió las funciones de un diario personal, para ejercitarme en registros y retóricas ajenos a mi oficio de crítico literario, primero, para aventurarme en algo que, ironizando, llamé "intimismo espectacular", después. Entre octubre de 2014 y diciembre de 2015, llevé el diario de un crítico y un profesor, el de un padre y un huérfano, el de un moralista improvisado, y el de alguien que se reconocía como sobreviviente de una depresión (Giordano, 2017).[2]

Nas 288 páginas de seu livro, Alberto Giordano trata de sua rotina, das lembranças marcantes do pai já falecido e de sua atuação como pai de Emília, a qual o tempo, esse implacável, faz com que cresça rápido demais. Comenta resenhas que lê no jornal, livros e diários de escritores e as particularidades da escrita atuada das redes sociais.

A escrita subjetiva nas redes é comparada, sempre em tom irônico (uma marca do autor ao longo de todo o diário), ao "giro autobiográfico" da literatura argentina. Os comentários dos amigos, porém, seriam um ponto de diferenciação ("Los comentários a veces potencian el efecto literario de un posteo, otras lo limitan", p. 36). O que está escrito poderia ser publicado em diferentes plataformas, sem alteração no significado, mas a intervenção dos leitores, os comentários que fazem, a conversa que surge entre eles, altera o conteúdo final e traz particularidades aos textos publicados nas redes sociais.

....

2. Disponível em: www.pagina12.com.ar/34617-ejercicios-de-supervivencia. Acesso em: 25 mar. 2021.

> Como los diarios íntimos, aunque se hagan públicas inmediatamente, las notaciones en Facebook cumplen distintas funciones, entre la vontad de poner algo a resguardo de su desaparición y el deseo de perfilarse como protagonista de una trama novelesca (la banalidad de ló cotidiano e intrascendente tiene buenas razones para aspirar a un registro que acaso la intensifique). La diferencia obvia, para quien postea, es que el lector puede ser, además de una figura virtual e imprecisa, una certidumbre anticipada: tal o cual amigo al que se espera afectar, con este o aquel propósito. Por eso se podría sostener, sin ánimo irónico, que las exigencias y las virtudes de los dos grandes géneros intimistas, el diario y la correspondencia, convergen en la práctica del posteo reflexivo (p. 65).

O autor pode direcionar um texto a algum "amigo" específico e, a partir do comentário, promover uma discussão sobre o tema. É por isso que Giordano defende que as redes sociais reúnem correspondência e diário em um mesmo ambiente. A análise do ambiente virtual é constante. É uma escrita lida enquanto está sendo produzida. Mal o leitor aperta o botão *enter*, curtidas surgem, demonstrando que a anotação já foi acolhida por alguém. Tudo parece demonstrar espontaneidade e interação. A experiência do autor, porém, faz com que o leitor duvide dessas afirmações. Puxando a reflexão para as suas próprias postagens, o crítico faz com que o leitor reflita sobre o que há de atuação na escrita realizada no ambiente eletrônico.

Em um dos comentários, ele exalta a existência de um caderno vermelho, que comprou em viagem ao Rio de Janeiro. É lá onde anota diariamente suas reflexões ("la memoria de un hombre de cierta edad es todavía menos confiable que la plasticidad de sus articulaciones", p. 65) e as ideias para os *posts* que, posteriormente, irão preencher as entradas de seu perfil no Facebook. No comentário intitulado "Emilia en la cocina de Facebook", descreve a rotina de todos os sábados. É o dia da semana em que cruza a cidade para levar a filha à aula de fotografia. No caminho, sempre realiza uma leitura, que, mais tarde, é comentada na rede social. Quando a filha, em uma manhã, pede para que a mãe a leve, ele insiste que a rotina se mantenha, só para pautar as entradas virtuais.

No mesmo dia em que publica o *post* que descreve a rotina e conta o incidente, entra o comentário sobre a leitura daquele sábado, realizada no movimento do automóvel:

> Aprovecho el viaje para leer uma entrevista a Liliana Porter [...] Aprovecho la parada en un semáforo para subrayar esta ocurrencia: "Siempre pienso que sigo siendo esa jovencita [la que llegó a México a los 16 años], pero escondida dentro de una señora, lo que te da autoridad. Te invitan a exposiciones, te pagan el viaje en primera clase, pero dentro sigue estando la jovencita. Es genial. Tengo la sensación de que estoy engañando a todos" (p. 82).

Deixar à mostra as rotinas por trás do diário parece ser uma forma, no caso dele, de não "enganar a todos", como a artista plástica revela na entrevista. Há uma série de anotações que desvendam os planejamentos da escrita, os bastidores do que aparece público na rede social.

Além disso, há uma ênfase em reforçar os esquecimentos que fazem parte de toda a escrita que se pretende autobiográfica ("por suerte el olvido borrara casi todo", p. 53). E é nesse ponto que a ficção se instaura de forma ainda mais potente. Dúvida e ironia estão em toda parte, em um jogo típico de muitas das escritas de si contemporâneas estudadas pelo próprio professor.

A palavra *diário* estampada na capa é garantia suficiente de que tudo o que está dito de fato aconteceu na realidade? Reforçar os esquecimentos e deixar à mostra os planejamentos são formas de deixar o leitor na dúvida, de sugerir a ficção. E, além disso, como crítico e leitor de diários e autobiografias, Giordano defende, em vários comentários ao longo desse diário virtual, que os limites, as fronteiras, entre a ficção e a vida real nunca deveriam ser revelados:

> Hace un par de semanas escribí sobre los malentendidos que a veces interfieren entre los lectores de textos supuestamente autobiográficos y quienes los firman. Los primeros, incluso si reconocen que es un efecto del arte y la falsificación, disfrutan con la idea de que lo narrado ocurrió de verdad, y que el yo del discurso y el autor serían una misma persona, incluso si saben que nadie es idéntico a sí mismo ni hay palabras capaces de representar lo individual. Los segundos no pierden ocasión de aclarar que lo escrito es literatura, no testimonio, que el personaje autobiográfico es ficticio: inventan lo auténtico sin necesidad de atenerse a la verdad de lo sucedido. Las razones son incontestables, pero ninguna razón se impone a un deseo, por eso el lector de textos supuestamente autobiográficos, incluso si se malogró en crítico académico, no abandona las supersticiones referenciales. El posteo concluía con un pedido: si van a atentar contra las ilusiones que alimentan los placeres de la lectura,

sería mejor que los autores de textos supuestamente autobiográficos se llamen a silencio, que no revelen los secretos de su arte (p. 74).

Pesquisadora e professora da Universidade Federal Fluminense, Paula Sibilia tem uma série de textos que tratam da *espetacularização* do eu nas mídias sociais. No ensaio "O espetáculo do eu" (2009), diferencia os diários tradicionais dos virtuais, publicados em blogs e redes sociais. As anotações realizadas em cadernos, segundo a autora, tinham a função, ao longo do século XX, de formar a personalidade do autor, fazer com que o indivíduo extravasasse suas dúvidas e anseios. Eram diários trancados, escondidos, escritos em momentos de pura intimidade, que exibiam cadeados que impossibilitavam ao leitor intruso bisbilhotar em suas folhas. Os virtuais estão associados a uma exposição que se faz desejada desde o início, à criação de uma reputação, a almejados momentos de "celebridade". As fronteiras entre público e privado estão propositalmente borradas no segundo exemplo.

Ao deixar exposto o planejamento de algumas postagens, Giordano parece colocar ênfase na certeza da presença da ficção nos relatos que falam sobre o que foi teoricamente vivido e que invade as redes. E, ao comparar os relatos *facebookianos* com os escritos autobiográficos que estuda, ele estende a questão para outras escritas de si, reforçando que é justamente a dúvida entre real e ficção um dos encantos desse tipo de texto.

A escrita e a performance

Ao publicar seu diário, trocando a escrita efêmera e colaborativa (cada *post* substituindo outro no topo da página, deixando os comentários perdidos em uma rolagem aparentemente infinita de cursor) pela análise fechada do livro, as questões em relação ao escrito se estendem: sua escrita na rede social pode ser classificada como uma performance literária?

A definição de performance, para Renato Cohen (2002), está associada a uma experimentação artística, que evoca a participação da audiência, em um trabalho de ressignificação e elaboração de novos sentidos do mundo. Para pensar no sentido dessa definição, vale lembrar uma das primeiras performances brasileiras de que se tem registro[3]. O artista modernista Flavio

3. Muitos teóricos associam o início da performance à década de 1970, quando passou a ser reconhecida como uma expressão artística independente, mas muitos estudiosos encontram

Carvalho, em 1931, realizou em São Paulo o que chamou de experiência número 2:[4] caminhou de chapéu em sentido contrário a uma procissão de Corpus Christi no Centro da cidade. O movimento é significativo e indica a tentativa de quebra de padrões, de andar contra os sentidos estipulados. A experiência número 3 ocorreu anos depois, no Viaduto do Chá. Novamente contrariando as convenções, o artista passeou de blusa e saia curta folgada, sugerindo, para os homens, um traje mais fresco para o clima quente do país. Um simples ato que faz pensar e chama atenção do público.

Poderíamos lembrar também o desfile de Nakao, as roupas de papel fazendo a audiência sentir, diante de seu próprio espanto, o quanto a moda é efêmera em sua essência. Giordano também ressignifica a fala do crítico, ao mesclar experiências pessoais com análises acadêmicas e publicá-las em uma rede social, uma escrita pública e em processo, que previa o comentário de leitores, a interferência da reação que cada postagem ocasionava em quem lia, na forma de *emoticons* variados.

De acordo com a definição de Cohen e tomando a performance de Flavio Carvalho como uma reflexão sobre a própria iniciativa artística, é possível chamar textos como os de Giordano de performances literárias: quebram padrões, chamam atenção do leitor e procuram desenvolver uma reflexão crítica sobre a própria literatura. Levar os escritos do ambiente virtual para o livro é confirmar a experimentação, possibilitando uma análise mais detida, e a atuação, independentemente da veracidade do que é postado.

A ação de Giordano no Facebook provocou os leitores que acompanharam as postagens, diante do questionamento de onde colocar aquela fala: junto com centenas de discursos íntimos e públicos que povoam a rede social ou como um trabalho acadêmico, que denunciava a *espetacularização* da intimidade e questionava os limites entre o discurso crítico e as opiniões individuais? A crítica apresentada também aparece como um discurso que está atrelado às vivências, opiniões e emoções de seu próprio autor.

Quando o diário virtual é publicado como livro, levando toda a experiência para o terreno acadêmico, as críticas já presentes na ação realizada nas redes sociais são evidenciadas. De uma escrita que permitia interação, atuação conjunta, para outra que ressaltava a reflexão distanciada. De uma escrita em processo para outra já fechada e acabada, que não inclui os comentários dos "amigos", editada, como já evidencia o subtítulo da publicação e

....

relação entre a performance e as vanguardas europeias do início do século XX.

4. Não há registro sobre a experiência número 1.

os adendos acrescentados ao final, contando alguns detalhes da transformação do texto em livro. Em determinado trecho do diário, refletindo sobre como os escritores costumam defender de forma veemente, em entrevistas, que suas obras nada têm a ver com suas experiências individuais, Giordano afirma:

> Digámoselo de una vez, para que entiendan: sabemos que la sensación de vida auténtica — eso pasó, eso pasa por el lenguaje mientras leemos — depende, en gran medida, del arte literario, de los usos de la ficción, entre el cálculo y la atracción del misterio, pero, por favor, nunca, nunca vuelvan a repetir, en privado o en una entrevista, que ustedes no son el protagonista, que lo narrado no les sucedió tal cual, que todo lo escrito debería ser leído como dicho por un personaje de ficción: olvídense de ustedes mismos, como lo hicieron al escribir, para que nosotros podamos recordarlos como mejor nos plazca (2017, p. 63-64).

A fala poderia também ser aplicada à análise de suas próprias publicações. Diante de sua escrita, também não importa o quanto de verdade existe em cada trecho, se a experiência realmente tinha o intuito de curar as chagas internas ou refletir sobre os limites entre a crítica e as emoções subjetivas, que acabam por interferir em tudo o que produzimos, entre a intimidade e o espetáculo. Importam apenas as conexões feitas pelos leitores, as reflexões individuais geradas diante do escrito. Que cada um tome o texto para si e de lá tire suas próprias conclusões.

Escrita e novas tecnologias

Giordano ainda experimenta na prática o que muitos teóricos, de diferentes áreas, vêm questionando na relação entre escrita e tecnologia, a forma como a internet, com suas constantes atualizações, e as redes sociais vêm interferindo nas produções literárias.

Para contextualizar esse panorama, recorro a Henry Jenkins, pesquisador norte-americano especialista em meios de comunicação, suas evoluções e a interferência nos modos de vida da sociedade. Em 2009, o autor publicou *Cultura da convergência*, livro em que utiliza exemplos do universo do entretenimento, das séries de televisão e de grandes produções cinematográficas para pensar uma época em que os meios de comunicação deixam de ser detentores da informação. Uma época em que cada um tem o poder da fala, passa a ter uma voz que pode ser pública, o poder de contestar o que está sendo dito e de produzir o seu próprio conteúdo. Período em que esses mesmos conteúdos passeiam por diferentes suportes, muitas vezes, sem o conhecimento e/ou a intenção de quem os produziu. Um conteúdo produzido para a TV pode ser comentado pela audiência nas redes sociais, pode ser reapropriado pelo autor de um blog, reescrito por este, pode inspirar alguém a destacar trechos e estampá-los em camisetas... Acabam os limites que separariam mídias novas de mídias antigas, já que o comportamento do público, que migra de uma para outra, une tecnologias de tempos distintos.

As redes sociais aparecem como um ambiente em que todas essas características ganham potência. Segundo Raquel Recuero, uma das marcas desse ambiente é a visibilidade. Como não é possível ter controle do destino de seu conteúdo, empresas, autores, diretores vêm tirando proveito dessa visibilidade para gerar burburinho, promover debate, fazendo do público uma grande comunidade de discussão, propagando esse conteúdo para além de seu suporte original. No plano individual, algumas pessoas fariam uso dessa visibilidade em benefício próprio, para criar sua própria reputação, e nesse tema entra toda a *espetacularização* da intimidade de que fala Giordano.

As experimentações do crítico vão ao encontro desse contexto, do momento em que o livro deixa de ser o único suporte para a crítica ou a literatura, e as redes sociais aparecem como um espaço de interação, de exploração da visibilidade e do poder de uma voz coletiva.

Da mesma forma, o surgimento das redes sociais permite a propagação de conteúdo de forma instantânea, estimula o compartilhamento e a expressão subjetiva. "No que você está pensando?", interpela o Facebook, cada vez que o usuário acessa sua tela. É um ambiente quase simbólico dessa época de explosão de informação e voz, em que a visibilidade é explorada para literalmente chamar atenção para si, se destacar da massa. Giordano trabalha com essas questões.

Diante desse panorama, é possível detectar dois pontos claros de discussão: a busca por visibilidade (por tirar proveito desse inédito poder de voz, por fazer uso das ferramentas tecnológicas para reafirmar um desejo de individualidade) e a incapacidade de separar o real da ficção, a constatação de que a ficção é inerente a qualquer narrativa. Nesse paradoxo, a escrita subjetiva das redes sociais ganha um caráter de encenação, feita para ganhar visibilidade, para construir reputações e, por essas características, ganha um status de performance. Além de correspondência e diário, como afirma Giordano, os escritos das redes sociais também poderiam ser chamados de autoficcionais?

Diana Klinger, em "Escrita de si como performance" (2008) também associa a autoficção ao conceito de performance, como a construção teatralizada da imagem do autor.

> Daí que o texto de autoficção se aproxime também da performance como arte cênica. O texto autoficcional implica uma dramatização de si que supõe, da mesma maneira que ocorre no palco teatral, um sujeito duplo, ao mesmo tempo real e fictício, pessoa (ator) e personagem. A dramatização supõe a construção simultânea de ambos, autor e narrador (Klinger, 2008, p. 25).

Nas redes sociais esse sujeito duplo está presente em cada perfil, na criação de uma *persona*, explorando a visibilidade em nome de uma imagem pública que se forma. Giordano explora de forma crítica essa questão, levando a literatura e a crítica para esse mesmo terreno.

São como as roupas rasgadas no meio da passarela

A escolha de uma rede social como suporte para a escrita de um diário poderia ser o simples resultado de uma época em que grande parte da população tem um perfil ativo em uma mídia social, em que milhares de "diários" são publicados todos os dias, contando os aspectos mais íntimos e variados de rotinas individuais.

Afinal, abandonar o suporte do papel faz com que a criação de narrativas e as formas de leitura sofram alterações. Pierre Lévy, em *As tecnologias da inteligência* (2010), defende que, ao pensarmos a questão, a tendência é buscarmos exemplos que demonstrem e comprovem experimentações na área, mas, em vez disso, deveríamos observar como as transformações acontecem em cascata — mudanças de tecnologia criam novos hábitos e necessidades, que possibilitam a criação de materiais que atendam a essas novas demandas.

Comparando o momento atual com o do surgimento da impressão, por exemplo, a invenção de Gutenberg trouxe a possibilidade de disseminação de saberes em cópias de escritos, antes tão restritas, e uma série de inovações seguintes possibilitou a criação do livro como o conhecemos hoje, um objeto cotidiano e móvel. A forma como o conteúdo foi organizado dentro dos livros, com sumário, capítulos, notas de rodapé, possibilitou uma relação com o texto diferente da que existia com os manuscritos. Nos acostumamos a ler o livro aos pedaços, muitas vezes, fora da ordem tradicional, seguindo a indicação do sumário.

Com o surgimento da internet, novas tecnologias chegaram, criando hábitos e relações. Lévy cita o exemplo do hipertexto. Nos livros impressos, eles já estão presentes em notas de rodapé, fazendo com que a leitura linear seja quebrada com referências a outros textos. Com a chegada da internet, o hipertexto ganha inúmeras janelas e ligações aparentemente intermináveis, que podem deixar o leitor cada vez mais distante do texto original. "Isto se torna a norma, um novo sistema de escrita, uma metamorfose da leitura, batizada de navegação" (2010, p. 37). Essa nova possibilidade, por outro lado, criaria um novo hábito no leitor, que se acostuma a leituras múltiplas e complementares, que se acostuma a mudar de ambientes e plataformas. E pode fazer com que textos menores e mais fragmentados passem a ser valorizados, atendendo uma nova demanda de comportamento.

Segundo essa ideia, textos como *El tiempo de la convalecencia* podem, simplesmente, estar inseridos em uma nova lógica de leitura e escrita, estariam se adequando a um novo cenário.

Os autores que hoje escrevem literatura e/ou sobre literatura precisam se deparar com outro panorama, com um leitor que não se contenta mais em receber pacificamente, solitário e silencioso os conteúdos que consome. A audiência é exposta a uma explosão de informações, quer participar e exercitar o seu poder de voz. Os escritores que produzem atualmente também são usuários dessa tecnologia. Seria natural que os textos produzidos nessa época se alinhem a esse contexto.

Mas, notar que as postagens de Giordano tinham um tempo limitado para acontecer, um ano, e que se transformaram em livro, editado, evidencia uma escolha proposital de suporte, para explorar o ambiente e, ao mesmo tempo, fazer com que o leitor sinta a crítica evidenciada, como fez Nakao com as roupas de papel. Nada mais natural também que um estudioso das escritas de si explore um ambiente em que a *espetacularização* do eu, os discursos íntimos, apareçam em profusão.

Referências

COHEN, Renato. *Performance como linguagem*: criação de um texto-espaço de experimentação. São Paulo: Editora Perspectiva, 2002.

DEFLEUR, M. L.; BALL-ROKEACH, S. *Teorias da comunicação de massa*. Rio de Janeiro: Jorge Zahar, 1993.

GIORDANO, Alberto. *Una posibilidad de vida*. Rosario: Beatriz Viterbo Editora, 2006.

GIORDANO, Alberto. *El giro autobiográfico de la literatura argentina actual*. Buenos Aires: Mansalva, 2008.

GIORDANO, Alberto. *A senha dos solitários*. Rio de Janeiro: Papéis Selvagens, 2016.

GIORDANO, Alberto. *El tiempo de la convalecencia*. Rosario: Ivan Rosado, 2017.

JENKINS, Henry. *Cultura da convergência*. 2. ed. São Paulo: Aleph, 2009.

JUM Nakao conta porque fez o histórico desfile das roupas de papel. Disponível em: https://www.ibahia.com/detalhe/noticia/jum-nakao-conta-porque-fez-o-historico-desfile-das-roupas-de-papel/. Acesso em: 25 mar. 2021.

KLINGER, Diana. Escrita de si como performance. *Revista Brasileira de Literatura Comparada*, v. 10, n. 12, 2008.

LÉVY, Pierre. *As tecnologias da inteligência*. 2. ed. São Paulo: Ed. 34, 2010.

LÍSIAS, Ricardo. *Delegado Tobias* (vol. 1-5). São Paulo: e-galaxia (edição digital), 2014.

RECUERO, Raquel. *Redes sociais na internet*. Porto Alegre: Sulina, 2009.

SIBILIA, Paula. O espetáculo do eu. *Revista Mente e Cérebro*. São Paulo, fev. 2009. Disponível em: http://www2.uol.com.br/vivermente/reportagens/o_espetaculo_do_eu.html.

SOUZA, Eneida Maria. Saberes narrativos. *Scripta*, Belo Horizonte, v. 7, 2004.

O recado dos rios: poética interamericanista e imaginário escatológico nas fronteiras flutuantes das bacias amazônica e rio-platense

Davidson Diniz (USP)

O problema da ecologia cada vez mais se consolida entre nós como um organizador de forças coletivas frente às disputas hegemônicas pela preservação e pelos usos dos recursos naturais que asseguram ou ameaçam nossa sobrevivência neste planeta. Talvez por isso a disputa e(s)c(at)ológica seja o índice de legibilidade de nossa época que melhor permite visualizar as urgências do mundo contemporâneo — entendido o contemporâneo aqui não como uma forma a mais de ruptura com a tradição, tal como a modernidade ou a modernização, e sim um ativador de memórias coletivas que permitem construir uma entrada autêntica, histórica, na nossa atualidade, conforme a definição dada por Agamben (2009).

Frente a isso, a sobrevivência dos rios é um tema crucial agora que tardiamente os consideramos organismos vivos e que, a exemplo do rio Cauca, na Colômbia, e do rio Doce, no Brasil, estão morrendo por nossas mãos, mas sobretudo pelo lobby criminoso de grandes corporações infiltradas no poder público. Narrar os elementos primordiais da mediação de nossa formação social com a natureza, conforme propôs Ailton Krenak em *Ideias para adiar o fim do mundo* (2019), é uma estratégia de combate diante da grande narrativa utilitária que assedia nossas vidas cotidianamente. Considere-se o slogan "Agro é tech, Agro é pop, Agro é tudo. Agro: a indústria-riqueza do Brasil". Tal chamada é veiculada todos os dias em horário nobre da Rede Globo e conta a continuidade entre o mundo mercantilista colonial e o mundo das *commodities* destes tempos. Ninguém se importa — a começar pelo Jornal Nacional que relata crimes ambientais no Pantanal e na Amazônia simultaneamente à publicidade milionária paga pelo capital de quem está entre os maiores atores mundiais no descumprimento da legislação de proteção ambiental e alimentar. A disputa por tal narrativa, tecnologia *vs.* ecologia, torna-se um modo de nós, a humanidade, enfrentarmos a devastação das florestas, montanhas e rios, não aceitando a lógica de sobrevivência em ambientes artificiais, como parques e reservas apenas, ou uma alimentação cada vez mais envenenada pelas tecnologias de uso do solo. É preciso reimaginar a relação das práticas de produtividade do mundo contemporâneo com a técnica, de modo que esta volte a articular entre nós um princípio de mediação, e não a dominação e superação dos recursos naturais, conforme vem acontecendo pelo menos desde a revolução industrial.

A América Latina, cada dia mais presa no círculo viciado e devastador das *commodities* que perpetuam raízes de nossa fundação mercantilista, é um dos ecossistemas chaves em torno da atual disputa. Basta enumerar que se trata de um território onde estão a Amazônia, a maior floresta tropical, sendo também a maior bacia hidrográfica e um dos maiores neutralizadores de emissão carbônica, bem como a junção entre o Pantanal e o Gran Chaco, formando a maior planície úmida da Terra, e, ainda, o Aquífero Guarani.

Diante da questão, determinante para nossas práticas de resistência no mundo contemporâneo, organizarei e abordarei a seguir uma série de poéticas de conceitualização dos rios no pensamento social e nas literaturas argentina e brasileira. São textos que — interpelando a formação, a dinâmica transterritorial e a sobrevivência de nossa relação identitária com o meio ambiente — dilatam a partir da condição fluvial e fricções e(s)c(at)ológicas a perspectiva do comparatismo interamericano quanto à revisão de nossas matrizes energéticas e do uso de mananciais.

O recado dos rios

A metáfora da flutuação fronteiriça a partir da condição fluvial entre o Brasil e a Argentina é antiga. Afinal, os rios delimitam grandes extensões de nossas fronteiras nacionais. Um possível índice de começo está no poema "Vila Rica" (1773-1839). Foi nele que Cláudio Manoel da Costa escreveu (versos de 247 a 256) que "As safiras azuis produz a serra / Do Itambé; tem rubis aquela terra, / Aonde em breves fontes a Juruoca / Vê o Rio nascer, que as águas toca / Do grosso Paraguai; o Rio Verde / Daqui nasce também, que com mais outros crescidos / E agigantados passos, que desata / pela raia da Espanha o Rio da Prata". É um dos raros momentos em que a poesia de Manoel da Costa transcende o localismo mineiro, abrindo-se, não mais apenas em perspectiva europeia, a um estuário na bacia rio-platense, vinculando riquezas de ordem natural e mineral cuja exploração renderia no tempo a degradação da região mineradora ao levar uma inundação de lama tóxica ao Atlântico. Pouco depois de Manoel da Costa, e mais acusativo, apesar do peso do mito desistoricizante da "raça extinta" que lhe é característico, Gonçalves Dias escreveu em *Os Timbiras* (1857, canto III, versos 44 a 50) que "[...] hoje acamados / Fósseis que dormem sob a térrea crusta, / Que os homens e as nações por fim sepultam / No bojo imenso! — Chame-lhe progresso / Quem do extermínio secular se ufana: / Eu modesto cantor do povo extinto / Chorarei nos vastíssimos sepulcros, / Que vão do mar ao Andes, e do Prata / Ao largo e doce mar das Amazonas". É poesia indigenista, de corte romântico, mas também denúncia do etnocídio trazido pela máquina mercante ibérica (acrescida da holandesa, francesa e inglesa) às Américas.

"Oda al [majestuoso río] Paraná" (1801), poema neoclassicista de Manuel José Lavardén, um dos polígrafos precursores da Revolução de Maio (1811), é a contracara argentina. A composição procurou o verniz do sublime para as dimensões do rio Paraná, chamando-o "primogenito ilustre del Océano", a modo de justificar a conversão de suas águas calmas em uma hidrovia (para o transporte de madeira e carvão) em cujo curso "brilla / La industria popular, triunfales arcos / En que las artes liberales lucen, / Y enjambre vistosísimo de naos, / De incorruptible leño, que es don tuyo, / Con banderola de colores varios. / Aguardándote está. / [...] La gran corte / En gran escala espera". A visão utilitária da potência produtiva do Paraná, armada no poema como alternativa de comércio para a Argentina no contexto da revolução industrial e na iminência das invasões britânicas no rio da Prata, abre do lado argentino uma perspectiva de evasão territorial por meio da condição fluvial, tal como nos casos brasileiros, comunicando ao próprio rio que "[...] vas de clima en clima, / de región en región, vertiendo franco / suave verdor y pródiga abundancia, / tan grato al portugués como al hispano", aludindo ao local de nascimento do rio Paraná, nos limites de Minas Gerais, Mato Grosso do Sul e São Paulo, a caminho do estuário rio-platense.

Mas se o simbolismo fluvial de integração interamericana emerge no século XIX, como veremos, é só no século XX que ele veio a cobrar rentabilidade poética e conceitual nas mediações de nossa literatura com outras áreas fluviais do continente. A seguir alguns casos que alumbram nossa interpelação.

Euclides da Cunha e Mário de Andrade

Os registros da região amazônica que Euclides e Mário nos deixaram são antípodas. O primeiro deles se vale da ideia do "grotesco", da paisagem inacabada que ameaça sob o signo do "terror", do "deserto", do "livro bárbaro", do "polvo desmesurado", de um "acervo de fantasias", até culminar na imagem do "inferno verde", constituindo uma teratologia que justifica a visão positivista nos estudos sobre a bacia amazônica e seus afluentes (o Purus especialmente, mas também o Madeira e o Javari). Já o segundo autor construiu uma visão dilemática entre a monotonia e o sublime das grandes extensões fluviais amazônicas, afirmando que "Dante e o Amazonas são igualmente monótonos" por extrapolarem a percepção humana de quem os contempla.

Por volta de outubro de 1904, Euclides da Cunha, já conhecido pelo evento de Canudos, encontrou-se em Manaus. O princípio público da viagem foi praticamente o mesmo da campanha no sertão da Bahia: avaliar, então na região fronteiriça amazônica, os limites da república brasileira, bem como oferecer relatórios, à maneira das cartas de relação dos cronistas ibéricos, material que reportaria ao governo brasileiro um panorama da disputa por soberania entre Peru e Bolívia na região que hoje compreende o estado do Acre.

Mas Euclides, como feito a propósito de Canudos, planejou escrever, além dos escritos relatoriais, um ensaio sobre a região amazônica. O livro em questão — que se chamaria *Um paraíso perdido* — acabou não concluído e hoje existe sob a forma de um rico ajuntado de cartas de relação, entrevistas e cartas pessoais. É justamente na epistolografia que o escritor enviou de Manaus a seus contatos no Rio de Janeiro que o título do livro se explica, conforme as cartas a Coelho Neto (10 de mar. de 1905) e a Artur Lemos (s/d.). Euclides elege *Um paraíso perdido* por entender que a Amazônia "recorda a genial definição do espaço de [John] Milton", ou seja, "esconde-se em si mesma" (1976, p. 318).

Não em vão a Amazônia é associada na referência euclidiana à poesia da época moderna que revisitou a tradição de exaltação do cristianismo. De uma visão paradoxalmente escatológica dependia o progressismo liberal do nosso autor, destinado a estabelecer os primeiros estudos técnicos para desenvolver uma hidrovia na região, bem como delimitar os limites nacionais. Euclides, em cumprimento de sua missão, precisava dar um sentido produtivo ao espaço selvático e inseri-lo nos trilhos civilizatórios da nação em formação — "É uma terra que ainda se está preparando para o homem". Ele escreve a José Veríssimo (jan. de 1905): "Hei de demonstrar isto. Mostrarei, talvez, esteiando-me nos mais secos números metereológicos, que a natureza, aqui, soberanamente brutal ainda na expansão das suas energias, é uma perigosa adversária do homem" (1976, p. 313).

A paisagem, embora maravilhosa, ou antes, maravilhosa justo por isso, aparece como se ainda não houvesse deixado as mãos do Criador. É uma antessala do Gênesis. Apresenta arestas e inacabamentos de toda ordem, e só o remate do projeto civilizatório poderia livrá-la da "opulenta desordem" e da "imperfeita grandeza", "portentosa", mas "incompleta". Os rios, em tal cenário, apresentam "águas barrentas", não tendo sequer "se firmado nos leitos". Tudo é uma destacada "função destruidora", "uma ruína [...] que se tem de restaurar" (1976, p. 99-100-103).

O Purus, visto a partir dessa perspectiva dos "secos números", foi assimilado por Euclides como "o rio que sobre todos desafia o nosso lirismo patriótico, é o menos brasileiro dos rios". Trata-se de um território em marcha, fluvial, indeciso entre as nascentes peruanas e seu abandono pelo curso brasileiro. A "inconstância tumultuária" do rio Purus representa uma revolta para o território nacional. Gera ainda mais perigo porque "a volubilidade do rio contagia o homem". O indivíduo ali é errante, vagando entre um terreno estéril. Euclides conclui que o "Purus é um enjeitado. Precisamos incorporá-lo ao nosso progresso, do qual ele será, ao cabo, um dos maiores fatores" (p. 104-105-124). *Um dos maiores fatores*: o Purus, segundo as medições do cronista, ofereceria na época uma das faixas hidrográficas mais extensas do continente, atrás apenas do rio Amazonas e do Prata (p. 272).

Mas nem tudo em Euclides — lido aqui em clave revisionista — é vacilação ecológica e endosso de uma indústria do progresso que levaria a Amazônia à exaustão extrativista. Há um alerta para os problemas sociais provocados pela orfandade pátria do indivíduo: o seringueiro "é o homem que trabalha para escravizar-se", e a constatação desse paradoxo trabalhista levou Euclides a reivindicar "uma lei do trabalho que nobilite o esforço do homem; uma justiça austera que lhe cerceie os desmandos; e uma forma qualquer do *homestead* que o consorcie definitivamente à terra" (p. 112).

Já a viagem transamazônica de Mário de Andrade, realizada em 1927 e só publicada em 1983 como *O turista aprendiz*, obedeceu a outros regimes de escrita. Foi uma viagem de ócio com ares de campo etnográfico. Mário se diz ao zarpar "mais resolvido a escrever que a viajar" (2015, p. 48). Os custos vêm de recursos particulares, o que desimpede o escritor paulista do argumento tecnicista e escatológico das cartas de relação escritas por Euclides, levando Mário a pintar o que bem entendesse em seu diário de bordo.

Isso explica muito da passagem do grotesco, determinante na visão de Euclides, para o sublime, que Mário anotou bem à sua maneira. A ambivalência paisagística que o rio Amazonas revela em sua monotonia sublime é descartada pelo escritor paulista por ser algo tão grandioso que lhe ultrapassa a "percepção psicológica". Mário sente-se capaz de contemplar o sublime da bacia amazônica, mas não de relatá-lo — a não ser ao socorro (que é denegado) do "excesso de castro-alves". Ele enfim se questiona: "O que posso falar dessa foz tão literária e que me comove tanto quanto assuntada no mapa?..." (p. 67-68).

Daí por diante — obstacularizado pelo que nomeia "sinistro admirável" — Mário transforma o diário de *O turista aprendiz* em uma reflexão sobre a escrita, compondo uma mescla textual entre o esboço de impressões etnográficas e um anedotário da viagem. Mas nada disso é de pouco interesse. O transe do trajeto fronteiriço, que ora leva Mário a Iquitos, no Peru, ora às margens da Bolívia, faz com que ele assimile uma dimensão lexical hispano-americana, coalhando a escrita com diminutivos em castelhano, como "casita", "madrugadita", "cabecitas", e às vezes dá vazão a uma organização sintática da própria letra em deslocamento, a exemplo de quando anota que "estes iquitenses falam com a boca cheia de pedrinhas chiquititas pero de delicadeza bem discutível". Ou mais visivelmente quando inventa de descrever em espanhol mestiço: "Dá-me tu mano, para que non resvales. Ya lo creo. Sirva-se usted" (p. 131-132). São alguns exemplos da fluência gráfico-fonética causada em Mário pela vivência da viagem fluvial.

Em poucas palavras: se em Euclides a fronteira ameaça, representa a ruína do traçado nacional-positivista, em Mário, muito pelo contrário, ela é abertura, assimilação dialética, porque dilata o registro cultural e linguístico à medida que revela limitações identitárias. Por fim, ela retrata o escritor paulista, tal como ele mesmo anotou a propósito dos indígenas em Iquitos, "hablando uns farrapos de espanhol" (p. 123).

O trânsito pelos afluentes amazônicos assim permitiu ao diarista viver a algaravia do entrelugar. Mário acabou atribuindo-se, por tudo isso, o epíteto transnacional, "contando esta 'dor' sul-americana do indivíduo" (p. 173), tal como nos é revelado a propósito de si ao falar da carta amazônica que destinaria a uma "amiga judia francesa comunista". O sintagma "'dor' sul-americana do indivíduo" delata uma percepção intercontinentalista em um perfil do escritor Mário de Andrade que pela primeira vez evade limites geográficos e culturais, mas também linguísticos e identitários que ele apenas vinha ensaiando com a prosódia italiana nos poemas modernistas dos anos 1920. É da concretude dessa evasão que veio parte da matéria-prima para o mote da ausência de caráter nacional no *Macunaíma* (1928) — romance publicado no ano seguinte ao retorno do "turista aprendiz" para São Paulo e escrito a partir da assimilação de um mito ameríndio relatado por José Mayuluaípu ao etnólogo Koch-Grünberg em sua expedição a terras venezuelanas. A partir de *Macunaíma*, obra que radicaliza na instabilidade lexical, rapsódia em paródia de saltos sintáticos, resolveu-se o problema narrativo diagnosticado em *O turista aprendiz*: como narrar o sublime selvático apesar da monotonia amazônica? Mário precisou reinventar o que ele chamou de "excesso de castro-alves"; e fez isso por meio da inconstância verbal característica do *Macunaíma*.

Newton Freitas e Gilberto Freyre

No dia 10 de julho de 1941, na Universidad Popular Alejandro Korn, de La Plata, o escritor brasileiro Newton Freitas, então exilado na Argentina com sua companheira, a escritora Lídia Besouchet, pronuncia a conferência *Los ríos del Brasil: su influencia en la formación nacional* (1941). Também pela mesma época, inspirado por sua viagem de lua de mel pelo Paraguai, Uruguai e Argentina, Gilberto Freyre escreveu uma série de artigos jornalísticos, publicada em Buenos Aires, Rio de Janeiro e Recife. Entre tais textos, contam-se pelo menos dois a propósito da influência dos rios na formação social dos países latino-americanos. A consideração da questão fluvial entre ambos os escritores também oscilou entre a visão utilitarista e a percepção de linhagem culturalista e ecológica.

Newton Freitas parte de um problema historiográfico: o fator hidráulico na constituição das sociedades primitivas e modernas. É a partir daí que ele interpela os modos mediante os quais os rios determinaram os rumos da civilização mundial, a caminho da questão específica quanto ao caso brasileiro em suas interseções com o estuário rio-platense. Freitas estabeleceu uma série de argumentos entre o impressionismo e o fundamento científico. O mais interessante, justificando a proposta do ensaio, diz respeito ao desenvolvimento de uma via hidrográfica interamericana, sugerindo que a concentração da população brasileira na costa atlântica fez do Brasil uma "civilização superficial" apesar de seu imbricado sistema fluvial. Após os arranjos coloniais, os portugueses "aferraban como cangrejos al litoral" e os povos indígenas "bajaban por ellos [los ríos] al interior de la tierra conquistada" (p. 13). A conquista ibérica, segundo Freitas, assim estabeleceu uma urbanização e uma civilização que tenderiam à concentração costeira, ao passo que o recuo indígena para a terra adentro teria obrado a verdadeira interiorização do território.

É através de tal imagem, a interiorização do território brasileiro a partir de seu sistema fluvial, que Freitas avança na descrição da bacia amazônica, por um lado, e, por outro, descreve a divisão orográfica do planalto central brasileiro. Tal entroncamento é o divisor natural das águas que correm entre as terras altas e baixas do Brasil, delimitando, a oeste, as bacias Amazônica, do Paraguai, do Paraná e do Uruguai, que culminam no Prata, e, a leste, as bacias do rio Doce, do São Francisco e a bacia do Nordeste, corredores fluviais para o Atlântico meridional e norte.

Newton Freitas concluiu que a união das bacias amazônica e paraguaia, considerando-se o desenvolvimento de um grande canal, comunicaria o rio Amazonas com o Prata, formando "el mayor cinturón de agua del mundo" (p. 28), promovendo maior diversidade étnica, social e econômica para o continente. Mas cuidava que algo deveria ser feito porque "la máquina y el progreso industriales", segundo Freitas, "mataron el poder de los grandes ríos. Su fuerza pertenece a la época pré-mecánica". Trata-se de um diagnóstico descontextualizado. Basta lembrarmos que as matrizes energéticas da industrialização brasileira, em continuidade com os dias de hoje, desde a época em que Freitas escrevia, vêm de usinas hidrelétricas e da mineração que alimenta os fornos da siderurgia mundial, duas das atividades mais danosas para a preservação dos rios ao lado do agronegócio. Freitas faz outra reflexão, igualmente controversa, mas dessa vez cheia de sagacidade, estipulando que a predileção superlativa na literatura brasileira impede a nossa poesia de cantar os rios pequenos ("los ríos de verdad", já que, para Freitas, também para uma antiga tradição cartográfica, um grande rio, como o Paraná, o Paraguai, o Prata etc., não é senão um "mar dulce"). E por fim acusa algo que nos remonta a Mário em seu dilema poético frente ao sublime amazônico: "Jamás podría Castro Alves, con sus arrobamientos de gigante, cantar un río claro e pequeño como el Tiete, el Capeberibe..." (p. 17). Os rios pequenos, aos olhos de Freitas, geram um amor romântico, tendendo ao lirismo. Já os grandes rios, um amor místico e trágico, aberto ao épico.

Por sua vez, Gilberto Freyre, recém-retornado da viagem pelos rios que alimentam a bacia rio-platense, escreveu no artigo "Sugestão de uma viagem de rio" (*Jornal do Commercio*, Recife, 22 de fev. de 1942) que "Tanto o Paraná como o Paraguai são rios cheios de sugestões profundamente brasileiras. *Vêm de dentro do Brasil: um deles, de Minas. Ao mesmo tempo são rios interamericanos,* cujas águas como que se deliciam em fazer obra de aproximação entre as repúblicas do sul da América meridional" (2003, p. 57).

Mas, segundo Freyre, muito pouco da nossa literatura formal ocupou-se de escrever "páginas de identificação com a natureza deste trecho da América que tenham maior vigor poético que as dos dois referidos ingleses [Hudson e Cunningham Graham]". Tudo, quanto a isso, diz Gilberto Freyre, só seria encontrado na devassa do "material poético indígena a serviço da catequese". Ele remata: "Essa poesia [indígena] pede uma coordenação e exige um estudo sob largo critério ecológico, que considere a região em conjunto" (p. 58-59).

A inquietação de Gilberto Freyre esteve assim em assimilar, mediante sugestão de consideração das cosmovisões guaranis, a poética de "uma *cultura com qualidades ótimas de permanência ecológica.* Diferente daquelas que só se desenvolvem tecnicamente, permanecendo coloniais nos seus traços mais íntimos e transoceânicos, nos seus ideais de vida" (p. 62). E não é menos interessante notar que a experiência da viagem fluvial ampliou sem precedentes o alcance comparativo na obra do ensaísta, sabido que, até então, Freyre se recusava a comparar o Brasil com regiões culturais de colonização hispânica, atendendo apenas às articulações da cultura brasileira com áreas de colonização lusitana.[1] A condição interamericana dos rios, dessa forma, inspira no autor a ideia de uma "paisagem continental". É o que fundamenta seu conceito de *interamericanismo,* ou seja, "conservação da variedade dentro da unidade". Tal conceitualidade foi elaborada em artigo homônimo,

1. Cf. Diniz (2014).

"Interamericanismo", originalmente publicado no jornal *La Nación*. Atinando com a questão ambiental e as dinâmicas culturais do sistema fluvial, Freyre veio a defender que o continente fosse interpretado como "ilhas" ou "arquipélagos" sociológicos em uma aliança cultural em que nem as "ilhas devem ser [...] esquecidas pelo critério de massa continental, nem o continente [...] deve ser olvidado sob o critério de insularidade dos povos ou nações das Américas" (p. 49-50). É uma condição de americanidade que em Freyre definiu-se em termos ao mesmo tempo interculturais e ecológicos, fazendo de si um precursor para a obra de Humboldt que, a partir do século XVIII, tentou assimilar a unidade americana por meio de suas variações continentais.

Do *Gualeguay* ao *Mar paraguayo*

El río sin orillas (1991), de Juan José Saer, nos deu a conhecer algumas das páginas mais instigantes em que são personagens o rio da Prata e sua influência nas regiões argentinas edificadas ao longo do curso fluvial. O autor dialoga com os relatos de viajantes, especialmente Charles Darwin, concluindo, em avaliação similar a de Gilberto Freyre, que foram os viajantes estrangeiros que escreveram as páginas mais ricas sobre o Prata e sua história.

Saer avança daí por diante abordando o problema da identidade nacional construída ao redor do rio à medida que a nação foi sendo imaginada. Mas o represamento ensaístico do rio da Prata em dimensão apenas nacional, argentina, sugere um ponto ambíguo em *El río sin orillas* (livro que se revela não tão desbordado ou sem margens assim quanto é sugestivo em seu título). Essa ambiguidade se expõe porque a perspectiva saeriana acaba descartando os vínculos intercontinentais do estuário rio-platense: Uruguai (cuja ausência o autor justifica alegando jamais ter viajado até a banda oriental) e Paraguai. Saer deixa-se flagrar, quanto a tal redução, influenciado pelo questionamento retórico feito por Jorge Luis Borges no poema "Fundación mítica de Buenos Aires", de 1923: "¿Y fue por este río de sueñera y de barro / que las proas vinieron a fundarme la patria? / [...] Sólo faltó una cosa: la vereda de enfrente. / A mí se me hace cuento que empezó Buenos Aires: / *la juzgo tan eterna como el agua y como el aire*" (Borges, 2007).

Mas é preciso lembrar que *El río sin orillas* está dedicado aos antepassados do autor, filho de mãe e pai vindos da Síria e radicados no estado argentino de Santa Fé. É a partir daí que podemos distinguir o recurso da narrativa familiar nas interpretações da formação nacional em Saer e em Borges — este um conhecido ancorador do rio da Prata e sua fundação pátria em Buenos Aires, muitas vezes em Palermo Viejo ou mesmo à casa familiar. O escritor santafesino, pelo contrário, pretendeu fazer o rio da Prata marejar também aquém da capital federal e, com isso, levar a nação argentina a fluir pelos interiores do país até haver argumento crítico para afirmar que "en medio de una multitud sin raíces [...] ninguna identidad afirmativa ya es posible" (Saer, 1991, p. 203-204). Desfaz-se assim a restrição da condição fluvial rio-platense na formação nacional proferida em Saer — ela não é tão nacionalista quanto a princípio possa nos enganar ao travar diálogo com um Borges ainda criollista. É de se acreditar que por isso Saer tenha buscado fecho para *El río sin orillas* no poema "Gualeguay" de Juan L. Ortiz (1970).

Gualeguay é um rio e ao mesmo tempo nome da cidade edificada às suas margens, sendo um afluente inferior do rio Paraná em trânsito pelo estado de Entre Ríos, bem como título de uma das peças mais importantes da poesia argentina contemporânea. A nomenclatura, entre outras acepções, foi originada a partir de uma corruptela castelhana frente à palavra guarani "Yaguarí" (água ou rio do jaguar) que originalmente denominou a região. Juan L. recupera a toponomia ameríndia para alargar a densidade histórica do rio na formação da cidade, bem como dilatar sua própria poética textual, revelando-se a partir da composição do "Gualeguay" flagrante abertura para a cultura e língua guaranis. Os versos 127 e 130 mencionam o "drama de la forma" em busca de "una melopea india" que luta contra "la asfixia de las formas" (2015, verso 645). E assim, aferindo-se ao longo da composição do "Gualeguay" todo um léxico guarani que termina por expandir o alcance do espanhol rio-platense, o texto conclui que se a duração do rio "yaguareté" permite com que tudo dele nasça "evangelicamente" (v. 137) é porque "la vida que se vivía en su unidad, no cesaba, por eso de fluir" (v. 2587).[2]

....

2. A contexto da imagem de prosperidade evangélica, cabe lembrar que o estado de Santa Fé, separado de Entre Ríos (onde está Gualeguay) pelo rio Paraná, hoje sofre um acentuado processo de pauperização de bens e serviços por conta da abertura de falência do grupo Vicentin S. A., a quarta maior corporação exportadora de produtos oriundos da agropecuária na Argentina. O grupo alimenta uma dívida de mais de 1.200 milhões de pesos, conforme foi revelado em 2020. O Estado argentino cogita a expropriação do grupo empresarial cujas atividades são determinantes para o abastecimento nacional. Tudo isso após a Vicentin S. A. vir obtendo lucros incontáveis desde 1929, bem como isenções de tributos e perdão judicial frente a crimes ambientais que suas atividades causaram na Argentina ao longo de quase um século de extrativismo.

Duas décadas depois da publicação do "Gualeguay", escrito por Juan L. a partir dos anos 1950, mas só publicado no livro *En el aura del sauce* (1970-1971), Wilson Bueno dava a conhecer seu romance *Mar paraguayo* (1992). Algo da fluxografia do "Gualeguay" parece desembocar na travessia trilíngue de Bueno, especialmente quando consideramos o incessante fluir da vida--morte que também dá remate ao texto de *Mar paraguayo* com a palavra Ĩyá (entidade aquática da cosmovisão guarani). Mas o imaginário fluvial-marítimo da narrativa do escritor brasileiro está desimpedido da ideia de um surgimento evangélico do rio. *Mar paraguayo* é uma escatologia contemporânea (caberia defini-la aqui como avessa à lógica da escatologia positivista que está em Euclides) onde as águas são narradas por uma mulher de origem guarani (possivelmente vítima do tráfico sexual das regiões fronteiriças) e que conta a partir de Guaratuba, balneário paranaense degradado pela densificação urbana fomentada pelo turismo, o curso de travessia da narradora entre a vida e as iminências da morte. O "mar paraguayo" — oxímoro que se explica pela relação com o rio Paraná, em guarani, rio unido ao mar ou do tamanho do mar — é composto por "águas de pura agonia, paraguas, mar de perdas y rumores, chororó, chororó, pará de naufragados deseos sin limites ni frontera, la cal de la tierra, la sangre pissada de los dias, íguasu, ipaguasú, ai que sangre pissada, tuguivai [...]. Como la alba en el mar? Pará, paraná, panamá. Paraipieté" (1992, p. 25). São signos interlinguísticos para o "abismo do mar", Paraipieté, uma cruzada ao encalço do Añaretã, zona de equivalências infernais segundo a cosmovisão guarani acionada no texto de Wilson Bueno.

Também nos limites do Añaretã cursou a comunidade de Pyelito Kue/Mbarakay, instalada à beira do rio Hovy, no município de Iguatemi, Mato Grosso do Sul. A "Carta da comunidade Guarani-Kaiowá de Pyelito Kue", divulgada em setembro de 2012, chocou a opinião pública brasileira e mundial. Anunciava a orfandade jurídica da comunidade frente à ordem de despejo policial decretada pela Justiça Federal de Navirai (MS), obrigando 170 indígenas, entre eles, 70 crianças, ao abandono imediato da região onde acampavam à espera de demarcação da terra ancestral a que os povos indígenas no Brasil têm direito assegurado a partir da Constituição de 1988. A comunidade de Pyelito, diante da violência jurídica, dispôs-se ao enfrentamento policial até a morte, o que foi interpretado como manifesto de suicídio coletivo. A carta veio assim a reivindicar o envio de um trator e a abertura de uma fossa coletiva, já que os membros da comunidade não poderiam permanecer vivos nas terras ancestrais às margens do rio Hovy. O problema segue vigente nas *tekohas* de Pyelito Kue/Mbarakay e demais áreas do Brasil, bem como em territórios indígenas de países vizinhos (a exemplo da expropriação dos povos mapuches na Patagônia transandina por corporações europeias como Shell e Benetton).

Sobram recados e os avisos são cada vez mais eloquentes: os incêndios promovidos na Amazônia e aumentados exponencialmente a partir do "Dia do Fogo", a articulação nacional de latifundiários armada em 2019 com o intuito de abrir novos hectares para o monocultivo de soja em áreas de floresta tropical mediante queimada coletiva sem precedentes, crime que em 2020 se repetiu, pelos motivos e mãos dos mesmos agentes latifundiários, dessa vez devastando cerca de 1/3 do bioma do Pantanal, além de regiões do Gran Chaco; os crimes ambientais cometidos em 2015 e reiterados em 2019 pelas empresas Samarco e Vale S. A., responsáveis pela morte instantânea de dezenove pessoas, em Bento Rodrigues, e, já em Brumadinho, matando mais de 270 pessoas, bem como causando a devastação da vida no rio Paraopeba, e, antes disso, lançando na foz do rio Doce toneladas diluvianas de lama tóxica que inundou e exterminou a vida fluvial e o entorno ribeirinho entre Minas Gerais e Espírito Santo até o despejo culminar na costa do Atlântico; acrescentam-se os incontáveis outros crimes ambientais de 2020, ano perdido para a pandemia mas muito bem aproveitado pelo agronegócio ocupado de "passar a boiada", conforme a fala do então Ministro do Meio Ambiente, Ricardo Salles, flagrado em negociação de crimes ambientais e humanitários com o aval da presidência da república e toda corte ministerial e militar em reunião palaciana em 22 de abril; o aparelhamento do Ibama e do Inpe durante o período de maior aumento no histórico de desmatamentos e incêndios criminosos em biomas já em processo de extinção; e o que mais sabemos destes tempos de eco-genocídio deliberado pelo poder público gera índices que devem nos deixar alarmados e atuantes frente às disputas pela hegemonia das políticas ecológicas no país e no continente.

O imaginário das nossas literaturas ajuda a refletir a questão no tempo. Mas é preciso ampliá-lo por meio das perspectivas ameríndias contemporâneas, tanto como ver a questão em espessura intercontinental. Os povos ameríndios, quanto à resistência diante da exaustão ecológica, algo que torna nosso horizonte de expectativa um percurso de "degradação gradual" (conforme a expressão de Déborah Danowski e Viveiros de Castro, 2017), já nos avisaram que nisso eles nos precedem há pelo menos cinco séculos.

Se não alterarmos a política utilitarista do discurso desenvolvimentista, defendida pelo menos desde a fundação de nossos países, o que resta de nossos rios, montanhas e florestas, elementos que articulam a vida em dimensão nacional, continental e planetária, nos levará a constatar que o aviso grotesco de Euclides da Cunha se atualizará. Mas dessa vez não será um caprichoso retrato escatológico em defesa das revelações do progresso, e sim a exposição do negativo de nossa paisagem continental enquanto acervo de fantasmagorias. Não é nada improvável que em breve o "inferno verde" seja convertido em uma versão do nosso próprio Añaretã. Diversas lideranças ameríndias, a exemplo de Davi Kopenawa, Raoni Metuktire, Comandanta Ramona, Sônia Guajajara, Camilo Catrilanca, Facundo Jones Huala, entre tantas outras, muitas delas assassinadas ou presas sob a condenação de terrorismo, têm atuado e dado incansáveis alertas de que talvez nós, os que estamos fora da linha de frente com os pistoleiros pagos pelo agronegócio, não sobreviveremos ao conjunto de ações que as nossas sociedades e poder público vêm sustentando e que têm dizimado populações ancestrais e biomas cruciais para nossa sobrevivência em condições dignas. Ainda há tempo. Mas não muito. Uma virada exponencial nas políticas escatológicas rumo ao agenciamento ecológico é uma necessidade mundial que não se pode mais negligenciar. Afinal, tanto a água quanto o ar, a partir do momento que se morre coletivamente por asfixia promovida pelo Estado brasileiro no "pulmão do mundo", deixam de ser, como se queria em um dos poemas citados, elementos de duração eterna frente às práticas de sobrevivência que legitimamos em nossas sociedades contemporâneas ao discutir e pactuar as escolhas de matrizes energéticas e o uso dos recursos ecológicos. Um mundo escatológico já habita nosso residual mundo ecológico. Cabe a todos nós, a humanidade, decidir qual deles prevalecerá no curso deste milênio.

Referências

AGAMBEN, Giorgio. *O que é o contemporâneo? e outros ensaios*. Trad. Vinícius Nicastro Honesco. Chapecó: Argos, 2009.

ANDRADE, Mário de. *O turista aprendiz*. Edição de Telê Ancona Lopez, Tatiana Longo Figueiredo; colaboração de Leandro Raniero Fernandes. Brasília: Iphan, 2015.

BORGES, Jorge Luis. Fundación mítica de Buenos Aires. In: *Obras completas*. Buenos Aires: Emecé, 2007, p. 89-90.

BUENO, Wilson. *Mar paraguayo. Intro. ("Sopa paraguaia") de Néstor Perlongher*. São Paulo: Secretaria do Estado da Cultura do Paraná; Iluminuras, 1992.

CARTA da comunidade Guarani-Kaiowá de Pyelito Kue/Mbarakay-Iguatemi-MS para o Governo e Justiça do Brasil. Disponível em: geografar.ufba.br/carta-da--comunidade-guarani-kaiowa-de-pyelito-kuembarakay-iguatemi-ms-para-o--governo-e-justica-do. Acesso em: 25 mar. 2021.

COSTA, Cláudio Manoel da. Vila Rica. In: TEIXEIRA, Ivan (org.). *Multiclássicos*: épicos. São Paulo: EdUSP; Imprensa Oficial do Estado, 2008, p. 685-825.

CUNHA, Euclides da. *Um paraíso perdido*: reunião dos ensaios amazônicos. Seleção e coordenação de Hildon Rocha. Introd. de Arthur Cézar Ferreira Reis. Petrópolis: Vozes/Brasília: INL, 1976.

DANOWSKI, Déborah; VIVEIROS DE CASTRO, E. *Há mundo por vir?* Ensaio sobre os medos e os fins. São Paulo: ISA, 2017.

DIAS, Gonçalves. Os Timbiras. In: *Poesia completa e prosa escolhida*. Rio de Janeiro: José Aguillar, 1959, p. 473-523.

DINIZ, Davidson. Gilberto Freyre, ensaísta intercontinental às bordas do Brasil e da Argentina. *Revista Abehache*. Ano 4, n. 7, p. 60-81, 2. sem. 2014.

FREITAS, Newton. *Los ríos del Brasil*: su influencia en la formación nacional. La Plata: Editorial de la Universidad Popular Alejandro Korn, 1941.

FREYRE, Gilberto. Interamericanismo & Sugestão de uma viagem de rio. In: *Americanidade e latinidade da América Latina e outros textos afins*. Org. e notas de Edson Nery da Fonseca. Pref. de Enrique Rodriguez e Guillermo Giucci. Brasília: Editora UNB/São Paulo: Imprensa Oficial do Estado, 2003, p. 47-51/57-59.

KRENAK, Ailton. *Ideias para adiar o fim do mundo*. São Paulo: Cia. das Letras, 2019.

LAVARDÉN, Manuel José. Oda al Paraná. In: GIARDINELLI, Mempo (seleção e prólogo). *Padre río*: cuentos y poemas del Río Paraná. Buenos Aires: Edicciones Instituto Movilizador de Fondos Cooperativos, 1997, p. 13.

ORTIZ, Juan L. Gualeguay. In: *Obra completa*. Introducción e notas de Sergio Delgado. Santa Fe: Ediciones UNL, 2015, p. 661-748.

SAER, Juan José. *El río sin orillas*: tratado imaginario. Buenos Aires: Alianza Editorial, 1991.

SOBRE OS AUTORES

Beatriz Resende
É professora titular da Faculdade de Letras da UFRJ, pesquisadora I-A do CNPq e Cientista do Nosso Estado pela Faperj. Coordena o Programa Avançado de Cultura Contemporânea (PACC/UFRJ) e é editora da revista *Z Cultural*. Foi professora de Artes Cênicas da Escola de Teatro da Unirio, coordenou o Fórum de Ciência e Cultura da UFRJ e foi diretora da Editora da UFRJ (2011-2012). Autora, entre outras publicações, de *Sobre Lima Barreto* (e-galaxia, 2017); *Poéticas do contemporâneo* (e-galaxia, 2017); *Lima Barreto e o Rio de Janeiro em fragmentos* (Autêntica, 2016); *Contemporâneos — expressões da literatura brasileira no século XXI* (Casa da Palavra, 2008) e *Apontamentos de crítica cultural* (Aeroplano, 2000). Organizou os livros *Lima Barreto: impressões de leitura e outros textos críticos* (Companhia das Letras, 2017), *Lima Barreto, cronista do Rio* (Autêntica, 2017) e *Possibilidades da nova escrita literária no Brasil*, com Ettore Finazzi-Agrò (Revan, 2014).

Davidson Diniz
É doutor (2014) em Teoria da Literatura e Literatura Comparada pela Universidade Federal de Minas Gerais (UFMG). Atualmente é bolsista da Fapesp com pós-doutorado (2017-2021) na Universidade de São Paulo e na Universidade de Buenos Aires. Foi bolsista-pesquisador (2015-2017) do programa PNAP-R da Fundação Biblioteca Nacional. Deu cursos, seminários e palestras em universidades públicas do Brasil, Argentina e Uruguai. É autor de diversos artigos científicos e capítulos de livros publicados em meios acadêmicos argentinos e brasileiros, entre eles "Instinto(s) de Transnacionalidade: ensaio sobre a sociabilidade nos campos literários argentino e brasileiro (1840 | 1940)".

Florencia Garramuño
Recebeu seu PhD na Princeton University e realizou pós-doutorado no Programa Avançado de Cultura Contemporânea da Universidade Federal do Rio de Janeiro (UFRJ). Dirige o Programa em Cultura Brasileira da Universidad de San Andrés e é pesquisadora do Consejo Nacional de Investigaciones Científicas (Conicet). Publicou, entre outros, *Modernidades primitivas:*

tango, samba e nação (Editora UFMG, 2009); *A experiência opaca* (EdUERJ, 2013) e *Frutos estranhos: ensaios sobre a inespecificidade na arte* (Rocco, 2014). Seu último livro é *Brasil caníbal: entre la bossa nova y la extrema derecha* (Paidós, 2019).

Judith Podlubne
É profesora titular de Análise de Texto na Universidad Nacional de Rosario (UNR) e pesquisadora independente do Conicet, com um projeto sobre escritas biográficas. Doutora em Letras pela Universidad de Buenos Aires (UBA). Coordenou o Mestrado em Literatura Argentina pela UNR e atualmente coordena o Centro de Estudos de Teoria e Crítica Literária da mesma universidade. Publicou *Escritores de Sur: los inicios literarios de José Bianco y Silvina Ocampo* (UNR/Beatriz Viterbo Editora, 2011) e *Barthes en cuestión* (Bulk/Nube Negra, 2020). É autora de "La lectora moderna: apuntes para una biografía intelectual de María Teresa Gramuglio", estudo introdutório a *Nacionalismo y cosmopolitismo en la literatura argentina,* de María Teresa Gramuglio (Editorial Municipal de Rosario, 2013) e de "Un clásico del ensayo cultural latinoamericano", prólogo a *Una modernidad periférica: Buenos Aires 1920-1930*, de Beatriz Sarlo (Siglo XXI, 2020). Editou, com Martín Prieto, *María Teresa Gramuglio. La exigencia crítica* (UNR/Beatriz Viterbo, 2014) e, com Nora Avaro e Julia Musitano, *Un arte vulnerable: la biografía como forma* (Nube Negra e, 2018).

Kelvin Falcão Klein
É professor adjunto de Literatura Comparada na Escola de Letras da Universidade Federal do Estado do Rio de Janeiro (Unirio). Atua no Programa de Pós-Graduação em História (PPGH) da mesma instituição, desenvolvendo atualmente o projeto de pesquisa *Cartografias da disputa: a literatura comparada e o discurso das ciências humanas.* Além de ter publicado, nos últimos anos, artigos, ensaios e resenhas sobre uma série de autores da literatura contemporânea (W. G. Sebald, Silviano Santiago, Ricardo Piglia, entre outros), é autor dos livros *Conversas apócrifas com Enrique Vila-Matas* (Modelo de Nuvem, 2011) e *Wilcock, ficção e arquivo* (Papéis Selvagens, 2018). Coeditor do Dossiê W. G. Sebald no periódico "Cadernos Benjaminianos" (UFMG, 2016) e do livro coletivo *Reinvenções da narrativa: ensaios de história e crítica literária* (2019).

Luciene Azevedo
Doutora em Literatura Comparada (2004) pela Universidade do Estado do Rio de Janeiro (UERJ) e professora de Teoria Literária da Universidade Federal da Bahia (UFBA), vinculada ao programa de Pós-Graduação em Literatura e Cultura. Tem experiência na área de Letras, com ênfase em Literatura Brasileira e Teoria Literária, atuando principalmente nos seguintes temas: formas narrativas contemporâneas, romance (gênero e forma), autoficção, performance autoral, campo literário. Organizou os livros *Escrita não-criativa e autoria: curadoria nas práticas literárias* (e-galáxia, 2018, com Tatiana Capaverde) e *Espaços possíveis na literatura brasileira contemporânea* (Zouk, 2015), entre outros.

Mario Cámara
É doutor em Letras, professor titular de Teoria e Análise Literária na Universidad Nacional de las Artes (UNA), professor adjunto de Literatura Brasileira na Universidad de Buenos Aires (UBA) e pesquisador independente no Consejo Nacional de Investigaciones Científicas (Conicet). Publicou *El caso Torquato Neto, diversos modos de ser vampiro en Brasil en los años setenta* (2011, Lumen Editor), *Cuerpos paganos, usos y efectos en la cultura brasileña 1960-1980* (2011, Santiago Arcos Editor; republicado pela Editora UFMG em 2014), *A máquina performática* (2017, Rocco) em colaboração com Gonzalo Aguilar, *Restos épicos: relatos e imágenes en el cambio de época* (2017, Livraria) e *El archivo como gesto* (2021, Prometeo). Foi professor visitante na Universidade Federal Fluminense (Brasil), na Universidade Princeton (EUA), Fellowship Fulbright e Fellowship PLAS, realizando pesquisas nesta mesma universidade.

Max Hidalgo Nácher
É professor de Teoria da Literatura e Literatura Comparada na Universitat de Barcelona (UB) e pesquisador do Grupo de Estudios del Exilio Literario (GEXEL) da Universitat Autònoma de Barcelona. Fez mestrado em Lettres, Arts et Pensée Contemporaine na Université Paris VII (Denis Diderot) e doutorado na UB com uma pesquisa sobre *El problema de la escritura en el campo intelectual francés (1945-1975)*. Como pesquisador visitante, esteve na Universidad Nacional de Rosario (UNR), na Universidade de São Paulo (USP), no Centro de Referência Casa das Rosas (São Paulo) e na Harvard University. Seus principais campos de pesquisa são a história da teoria literária e seus usos internacionais a partir da segunda metade do

século XX e as escritas do exílio republicano da guerra civil espanhola de 1939. Publica em 2021 o ensaio *Teoría en tránsito: arqueología de la crítica y de la teoría literaria españolas de 1966 a la posdictadura*, primeiro volume da pesquisa sobre *Los estudios literarios en Argentina y en España: institucionalización e internacionalización*, coordenada com Analía Gerbaudo.

Renata Magdaleno

É professora, pesquisadora de literatura e jornalista. É mestre em Estudos de Literatura pela PUC-Rio (2007), com a dissertação *Certeza não é verdade: romance policial e experiência urbana*, contemplada com o auxílio à editoração pela Faperj, em 2015. É doutora em Estudos de Literatura pela PUC (2011), com a tese *No país da ficção: narrativa e viagem na literatura contemporânea de Brasil e Argentina*. Co-organizadora do livro *Nosotros: diálogos literários entre o Brasil e a América Hispânica* (2009, 7Letras) e autora de *Uma literatura que se quer crítica* (2019, Papéis Selvagens), fruto de sua pesquisa de pós-doutorado. Atualmente, é professora da ESPM-Rio.

Wanderlan Alves

Professor de Literatura Hispano-Americana na Universidade Estadual da Paraíba (UEPB) e doutor em Letras pela Universidade Estadual Paulista (Unesp). Realizou estágio de pós-doutorado na Universidade de São Paulo (USP). Atua como docente permanente no Programa de Pós-Graduação em Literatura e Interculturalidade e dedica-se ao estudo das literaturas modernas e contemporâneas na América Latina, com especial interesse por questões ligadas à teoria e à crítica latino-americanas contemporâneas, hibridismos e escrituras em prosa. É autor de artigos publicados no Brasil e no exterior e do livro *O melodrama e outras drogas* (EdUEPB).

SOBRE AS TRADUTORAS

Carolina Machado
É mineira de Belo Horizonte e mora no Rio de Janeiro, onde estuda Letras Português-Espanhol na UERJ e é colaboradora de cultura no blog *Vida Carioca*. É formada em Psicologia pela PUC-MG, pós-graduada em Psicopedagogia Clínica e Institucional pela UEMG, e trabalha como tradutora de espanhol há quase 20 anos. Já morou em Málaga, no sul da Espanha, e é pós-graduada em Tradução de Espanhol pela UGF-Rio.

Claudia Dias Sampaio
Professora de Teoria Literária e Literatura Brasileira na Universidade Nacional Autônoma do México (Unam) e pesquisadora da Faculdade de Filosofia e Letras da mesma universidade, onde coordena o Seminário de Pesquisa Lenguaje Poético y Pensamiento Crítico: sobre el Contemporáneo en Iberoamérica. Traduziu peças de teatro, roteiros de cinema, ensaios, artigos e poemas de autores como Juan Villoro, Eduardo Milán e Mariana Gandara. É doutora em Letras/Teoria Literária pela UFRJ.

SOBRE OS ORGANIZADORES

Ieda Magri
Doutora em Literatura Brasileira pela Universidade Federal do Rio de Janeiro (UFRJ), professora adjunta do departamento de Literatura Brasileira e Teoria da Literatura da Universidade Estadual do Rio de Janeiro (UERJ). É autora dos romances *Ninguém* (7Letras, 2016), *Olhos de bicho* (Rocco, 2013), *Tinha uma coisa aqui* (7Letras, 2007), do ensaio *O nervo exposto: João Antônio, experiência e literatura* (Lume, 2013) e organizadora, com Paulo Moreira e Saulo Lemos, do e-book *Literatura e crítica contemporânea na América Latina.* Sua pesquisa atual, *Literatura brasileira e latino-americana: questões de inserção no cenário contemporâneo,* é apoiada pela Faperj no programa Jovem Cientista do Nosso Estado (JCNE).

Felipe Charbel
Professor de Teoria da História na Universidade Federal do Rio de Janeiro (UFRJ) e pesquisador do CNPq. Doutor em História Social da Cultura pela PUC-Rio. Autor dos livros *Janelas irreais: um diário de releituras* (Relicário, 2018) e *Timoneiros: retórica, prudência e história em Maquiavel e Guicciardini* (Editora da Unicamp, 2010), e co-organizador das coletâneas *As formas do romance: estudos sobre a historicidade da literatura* (Ponteio, 2016) e *Reinvenções da narrativa: ensaios de história e crítica literária* (Editora PUC-Rio, 2019).

Rafael Gutiérrez
Escritor, editor e crítico literário. Professor de Literatura Hispano-Americana na Faculdade de Letras da Universidade Federal do Rio de Janeiro (UFRJ). É autor do romance *Como se tornar um escritor cult de forma rápida e simples* (7Letras, 2013), do livro de poemas *A orelha de Holyfield* (7Letras, 2019) e do livro de crítica *Formas híbridas* (Circuito, 2017). Desde 2016 coordena a Editora Papéis Selvagens no Rio de Janeiro.

1ª EDIÇÃO [2021]

Esta obra foi composta em Crimson Text e Lato sobre papel
Pólen Soft 80 g/m² para a Relicário Edições.